筑梦飞扬 丛书

沟通无界限
朋友遍天下

丛书主编 郭喜青 程忠智
本册主编 田 彤

人际交往
接纳自我
情绪管理
生涯规划
学习方法

心理健康

中原出版传媒集团
中原传媒股份公司

大象出版社
·郑州·

图书在版编目(CIP)数据

沟通无界限　朋友遍天下／田彤主编.——郑州：大象出版社，2019.5
（"心梦飞扬"丛书／郭喜青，程忠智主编）
ISBN 978-7-5347-9620-3

Ⅰ.①沟… Ⅱ.①田… Ⅲ.①心理交往—青少年读物 Ⅳ.①C912.1-49

中国版本图书馆 CIP 数据核字(2018)第 280615 号

"心梦飞扬"丛书
沟通无界限　朋友遍天下

丛 书 主 编	郭喜青　程忠智
本 册 主 编	田　彤
本 册 副 主 编	姜　英
本 册 编 者	田　彤　姜　英　刘亚宁　王园园　黄菁莉

出 版 人	王刘纯
责 任 编 辑	张　欣
责 任 校 对	牛志远
装 帧 设 计	刘　民

出版发行	大象出版社（郑州市郑东新区祥盛街27号　邮政编码450016）
	发行科　0371-63853551　总编室　0371-65597936
网　　址	www.daxiang.cn
印　　刷	河南新华印刷集团有限公司
经　　销	各地新华书店经销
开　　本	787mm×1092mm　1/16
印　　张	9.25
字　　数	125 千字
版　　次	2019 年 5 月第 1 版　2019 年 5 月第 1 次印刷
定　　价	32.00 元

若发现印、装质量问题，影响阅读，请与承印厂联系调换。
印厂地址　郑州市经五路12号
邮政编码　450002　　电话　0371-65957865

"心梦飞扬"丛书编委会

北京市中小学心理健康教育名师发展研究室组织编写

主任： 谢春风

主编： 郭喜青　程忠智

委员： （按拼音顺序排列）

陈文凤　程忠智　邓　利　丁媛慧　董义芹　郭喜青
韩沁彤　黄菁莉　姜　英　康菁菁　李春花　刘海娜
刘秀华　刘亚宁　柳铭心　卢元娟　秦　杰　石　影
田光华　田　彤　王　琳　王　青　王园园　信　欣
杨　靖　于姗姗　张　丽　庄春妹

总 序

习近平总书记说:"孩子们成长得更好,是我们最大的心愿。"帮助少年儿童踏上健康、快乐、幸福的人生道路,需要我们做好各方面的工作,心理健康教育就是其中一项重要的工作。

少年儿童在成长过程中会有许多心理上的困惑需要弄清楚、解决好,这套"心梦飞扬"丛书就是以服务少年儿童身心健康成长为根本宗旨而组织编写的。丛书依据中小学心理健康教育的五个主要板块进行分册,各有侧重、层层递进,帮助少年儿童构建身心健康成长的自我认知、体验、升华的策略系统:《独一无二的我》引导少年儿童客观认识自己的优缺点,明确自己的兴趣和优势,悦纳自我,建立自信;《要想常有鱼 必须学会渔》引导少年儿童重视学习方法,在真实问题情境中学会运用各种策略解决问题;《沟通无界限 朋友遍天下》引导少年儿童理解友谊真谛、珍惜师生情谊、感恩父母亲情,获得良好的同伴交往、师生交往、亲子交往体验;《七彩心情 快乐由我》引导少年儿童了解情绪变化的秘密,学会强化积极情绪,弱化、调节消极情绪,从而成为自身情绪变化的主宰者;《画好属于你的那道彩虹》引导少年儿童认识生命的美好,学会设计生涯规划,用聪明才智画好属于自己的那道人生彩虹,从而成就自己、温暖别人、服务社会。

本丛书的主编郭喜青和程忠智是全国著名的心理健康教育专家,他们在中小学心理健康教育领域有很多研究成果,成就卓然;丛书的编写者均是具有较深厚专业功底的中小学心理健康教育研究者和实践者,他们熟知少年儿童身心健康发展的特点、规律和成长需求,具有协助中小学生解决各种心理问题的知识和经验,能准确把握问题的关键点,解答简洁、清晰、专业,启发性强。因此,本丛书基于实践,又服务实践、引导实践,既适合少年儿童阅读,也适合广大中小学教师和家长阅读。特别要说明的是，本丛书是为数不多的适合中小学生自主阅读、学习、体验、省思的心理健康教育辅导读物，有利于中小学生通过自我心理健康教育体验，形成符合现代社会要求的积极而健全的人格，实现自我健康成长和全面发展。

当然，世界在快速发展变化中，人类的心理问题层出不穷，很难找到一种万全之法去解决各种各样的问题。但只要我们努力，总能取得进步。其实，我国传统文化中就蕴含许多关于生命、关于心理健康的大道智慧，如《黄帝内经》中"人以天地之气生，四时之法成""生之本，本于阴阳""阴平阳秘，精神乃治；阴阳离决，精气乃绝"的天人合一、阴阳和气思想，《大学》中"物格而后知至，知至而后意诚，意诚而后心正，心正而后身修，身修而后家齐，家齐而后国治，国治而后天下平"的格物致知、修德立身思想，《论语》中"君子成人之美，不成人之恶""入则孝，出则悌，谨而信，泛爱众，而亲仁"的与人为善、仁爱诚信思想，等等，都是心理健康教育思想的精华。我国中小学生的心理健康教育，要从世界科学发展中汲取新成就，更要从中华优秀传统文化中汲取大智慧和正能量。期待郭喜青、程忠智老师主编的"心梦飞扬"丛书，能在丰富、完善和提高中，进一步拓展更多少年儿童健康发展的心路！

谢春风
2018 年 12 月于北京

目录

同伴交往 001
    学会沟通 002
    真诚交友 019
    男生女生 031

师生交往 047
    走近老师 048
    听听老师怎么说 060
    让我说声"谢谢您" 072

亲子交往 083
看看我的家 084
我和爸妈那些事儿 100
与爸妈想法不同时 114

参考文献 136

"朋友一生一起走……一声朋友你会懂……"

提到朋友，往往会让我们想到某个人，某件事，心中会涌现出温暖、感动、欣慰、幸福……也可能会感到遗憾、沮丧、失望、伤心……那么，在与同伴交往过程中，怎样做才能让我们拥有更多的朋友、更真挚的友情，在交往过程中感受到更多的温暖、快乐？

同伴交往

学会沟通

在我们成长的道路上会遇到很多需要沟通的情况，例如与朋友交流想法时、被老师误会时、与同学发生矛盾时、与父母有冲突时、在生活中遇到挫折时、做错事时……但是有时候我们却不知从何说起，所以如何沟通是需要学习的。

表达与倾听

沟通是指人与人之间的信息交流过程。往往是直接的、面对面的信息交流。在社会心理学中一般把人际沟通分为两类：言语沟通和非言语沟通。言语沟通是利用言语交流信息，对人来说这是沟通的主要形式。非言语沟通包括目光接触、面部表情、身体运动和姿势、人际距离等。言语沟通和非言语沟通各有其重要性，在不同场合分别起着不同的作用。

生活中，有很多能说的人，但与人沟通，不仅要学会表达，而且要学会倾听。

我们先来读两个小故事：

秀才与荷薪者

有一个秀才去买柴，他对卖柴的人说："荷薪者（担柴的人）过来！"卖柴的人听不懂"荷薪者"三个字，但是听得懂"过来"两个字，于是把柴担到秀才面前。秀才又问他："其价如何？"卖柴的人听得懂"价"这个字，于是就告诉秀才价钱。秀才接着说："外实而内虚，烟多而焰少，请损之（你的木材外表是干的，里头却是湿的，燃烧起来，会浓烟多而火焰小，请减些价钱吧）。"卖柴的人实在听不懂秀才的这句话，于是就担着柴走了。

小飞行员

美国知名主持人林克莱特一天采访一名小朋友，他说："你长大后想做什么呀？"小朋友天真地回答："我想当飞机驾驶员！"林克莱特接着问："如果有一天，你的飞机飞到太平洋上空时所有引擎都熄火了，你会怎么办？"小朋友想了想，说："我会先告诉坐在飞机上的人绑好安全带，然后我背上我的降落伞跳出去。"当现场的观众笑得东倒西歪时，林克莱特继续注视着这个孩子，想知道他为什么这样说，没想到却看到孩子的两行热泪夺眶而出，这使林克莱特发觉这孩子的悲悯之情远非笔墨所能形容。于是林克莱特问他说："为什么要这么做？"孩子真挚地回答："我要去拿燃料，我还要回来！"

读完这两个故事，你是否发现，在沟通的过程中，说和听都是非常重要的。我们既不能像那个秀才一样说别人听不懂的话，也不能像节目现场的观众一样没有听完别人说的话，就把自己的意思投射到别人说的话上。沟通的双方如果学不会表达和倾听，就可能让沟通陷入不良情绪中，这样的情绪聚集在内心深处，不仅不能有效地解决问题，反而会给双方带来更多的不愉快，并伤害到周围的人。

在沟通过程中，如果没有认真听或者在说话的时候没有讲清楚，大家的理解就会不一样，别人就有可能会误解我们。如果我们能够认真地倾听别人讲话的内容并清楚地把话传达给别人，那么这些误解就可以避免。所以，亲爱的同学们，在和别人交往的过程中，沟通是一件很重要的事情哦！它可以减少同学们之间的误会，拉近同学们之间的距离，让大家变得更加亲密。

需要强调的是，在沟通中倾听非常重要。成为一个受欢迎的人最重要的法宝就是倾听。当你能够准确、清晰地表达自己意见和想法的时候，也要记得用心聆听别人要表达的信息，只有这样，才能真正达到沟通的目的。学会倾听是一种能力，也是尊重别人的表现。在日常生活中，如果我们愿意用认真的态度、真诚的心去倾听和发现，我们就会拥有更多的朋友，收获更多的友谊。

沟通的姿态

当我们的言语信息和非言语信息相互矛盾的时候，我们称之为不一致的沟通。这种不一致的沟通会阻碍我们增进对彼此的了解，甚至影响我们对他人和自身价值的正确认识。那么，在与他人相处的过程中，怎样的沟通姿态才能使人与人之间彼此理解，心情愉悦，交流通畅呢？

美国心理学家萨提亚将人与人之间的沟通姿态概括为五种，分别是讨好型、指责型、超理智型、打岔型及一致型。前四种沟通姿态是不一致的，第五种则是一致的。

1. 讨好型

讨好型的人在与人沟通时会试图远离对自己产生压力的人或减轻自己因某些人所带来的压力。

言语上他们会说"这都是我的错""我想要让你高兴"。

表达时经常会流露出恳求的表情与声音，并伴随着软弱的身体姿势。

讨好姿态

行为上讨好型的人会让人觉得过度和善，会经常道歉，请求宽恕、谅解，哀求与乞怜，让步。

讨好型的人经常忽略自己，内在价值感比较低。他们会觉得自己一无是处、毫无价值。

2. 指责型

指责型的人遇到问题总是试图表明不是自己的过错，让自己远离压力的威胁。

他们经常会说"你永远做不好任何事情""你到底怎么搞的""都是你的错"。

他们认为"在这里我是权威"。

行为上经常表现出攻击、独裁、批评、吹毛求疵。

指责姿态

他们经常感到肌肉紧张、背部酸痛。

指责型的人常常忽略他人，习惯于攻击和批判，将责任推给别人。究其内在经历，指责型的人通常会感到孤单和失败，但他们宁愿与别人隔绝以保持权威。

3. 超理智型

超理智型的人极端客观，只关心事情合不合规定，是否正确，总是逃避与个人或情绪相关的话题。

他们时刻告诫自己"人一定要有理智""不论代价，一定保持冷静、沉着，决不慌乱"。这类人表面上很优越，举止合理化。而实际上，他们内心很敏感，有一种空虚和疏离感。

超理智姿态

4. 打岔型

打岔型的人在与他人交往时总会让别人分散注意力，也减轻自己对压力的关注，想让压力因素与自己保持距离。

他们永远抓不住重点，习惯于插嘴和干扰，不直接回答问题或根本文不对题。他们内心焦虑、哀伤，精神状态混乱，没有归属感，不被人关照，还常被人误解。

打岔姿态

应对姿态	说明
讨好姿态	没有顾及自己的感受
指责姿态	没有顾及他人的感受
超理智姿态	没有顾及自己和他人的感受，只关注情境（事情）本身
打岔姿态	自我、他人、事情都不去关注

以上四种就属于不一致型的"沟通姿态"，这些姿态并没有所谓的好坏之分，都是我们在生活中经常看到的。但这些沟通姿态的出现都没有完全兼顾到自我、他人和情境，容易造成沟通双方之间的误解和矛盾，而一致型的沟通姿态则很好地避免和解决了这方面的问题。

5. 一致型

一致型的人在交往过程中，认可压力的存在，正视自己处于压力之中，能够承担起自己在压力中的责任，为有效地应对压力而作出自己的努力。

他们能够很好地尊重现实、尊重自己、尊重别人，在交往过程中情绪稳定、乐观、开朗、自信，遇事心平气和、泰然处之；做事时充满勇气和信心，有坚强的毅力，当时和事后心里都会感到坦然和安稳。

一致型姿态

一致型的人言语表现出一种内在的觉察，表情流露和言语一致，内心和谐平衡，自我价值感比较高。

初步了解了这些沟通的姿态后，让我们回到实际生活中，再次看一看人与人之间的沟通姿态。

六年级的小丽是位学习优秀的班干部。在一次数学考试中，她的好朋友小兰不停地恳请她把卷子拉下来给自己看看答案，或者用手势告诉自己一些题目的答案。小丽看到后，犹豫了一下，最终没有答应。考完试，小兰气冲冲地找到小丽，大声地说："你没有看到我的暗示吗？我只是让你把卷子拉下来给我看看就可以，你真不够意思！"说完，头也不回地走了。小丽心里很难过，她很珍惜和小兰之间的友谊，但她也不想破坏考场纪律。在准备和小兰沟通的路上，她想了很多种可能。

小丽："小兰，求求你了，还是和我做朋友吧，我不是故意的，下次我一定把卷子拉下来……"

小丽："你还生气呀，小兰，我这么做都是为你好，你懂不懂呀！"

小丽："小兰，正因为我们是好朋友，我才不能这么做。我帮了你一次，但是下一次呢？我们还会有很多的考试，你希望每一次都这么提心吊胆，这样让别人帮忙吗？我希望你好好想一想，有不会的，咱们一起学！"

最后，小丽还是选择了第三种方式，和小兰沟通。出乎意料的是，小兰平静地听完小丽的话，默默地点了点头。

从这个故事中，我们不难发现，即使出发点是为他人着想，如果在沟通中用指责或讨好的语气，那么往往也会弱化信息背后的真实性。一般情绪很少因为事实的描述和表达而爆发，更多会因为语气和态度的不当而流露。因此，不同的表述方式会带给人不同的感觉。在和别人沟通的过程中，平和地表达事实和内心的情绪，会让更多的人了解我们的想法，更容易相互理解，完成任务。

沟通的技巧

沟通是有技巧的。

第一，要有信心。沟通时，信心非常重要，只有心里认定了对双方都有好处，才能获得对方的配合，取得沟通的成功。而且认定了这一点后，还要不屈不挠，不怕拒绝。

第二，要真诚。一切沟通技巧都要以真诚为原则，当真诚的理解化成行动和语言的时候，我们的沟通姿态必然会因为情绪的改变而有所调整。我们每个人都应学会用平和的姿态沟通，用真诚的话语和主动的态度交流，让沟通成为一种温暖的回应。

第三，说话要注意方式和尺度。正如下面这段话所说："急事，慢慢地说；大事，清楚地说；小事，幽默地说；没把握的事，谨慎地说；没发生的事，不要说；做不到的事，别乱说；伤害人的事，不能说；讨厌的事，对事不对人地说；开心的事，看场合说；伤心的事，不要见人就说……"

第四，恰当适时地运用非言语信息。

身体部分	良性的倾听
眼睛	自然的眼神接触
表情	配合内容的专注表情
姿势	身体面向说话者

掌握一定的沟通技巧，会使我们同别人的沟通更加顺畅和舒适，使双方保持良好的情绪和愉快的心情。

当然，除了以上的几种沟通技巧，在生活里还有很多其他方法和策略适用于我们同他人的沟通情境中，让我们一起来看看卡耐基人际沟通策略吧，它将会对改善我们与他人的关系有所帮助。

1. 称赞并欣赏他人

你想要与别人沟通，让对方同意、接纳自己的观点，不妨先称赞对方的优点，然后再提出自己的想法。即使这些想法与对方意见相反，对方也不会立刻表现出愤怒不满的情绪。因为当我们听到他人对自己的优点加以称

赞后，再听一些不愉快的话，心里不会特别难受。所以沟通从赞美他人开始。

2. 批评他人时讲方法

间接提出别人的问题，比直接说出来显得温和，不会引起别人的强烈反感。你可以在称赞别人之后，加上"但是"两个字，然后指出问题。

3. 承认自己的错误

听别人直接指出我们的问题，有时会让人难以接受，但如果对方先承认每个人都有错误，同时先承认自己的错误，再来说我们的问题时，就变得容易接受了。承认错误本身，也能帮助我们改善行为。

4. 不要指使别人

不指使别人做什么，而让别人自己去做，自己在错误中学习。这种方式容易让人改正错误，保护别人的自尊，别人会更愿意接受你和你的意见。

5. 给人留下面子

生硬的命令只会导致长久的积怨——即使这个命令可以用来改正他人明显的错误，也会让人心里产生不愉快的情绪，甚至愤怒。

6. 不要全面地否定别人

如果你告诉别人，他在某件事上没有天赋，或者他做的都是错的……想一想，那个人如果是你，你的心情会怎样呢？所以我们在指出别人的问题时，只对他做的不妥的地方提出不同看法，而不要简单对他这个人全面否定。宽容、鼓励他人，使他人知道你相信他有能力去做，只是他对这件事还未找到恰当的方法，或是他的能力还未发挥出来，这样他会更加努力地去做好。

7. 让人高兴做你所提议的事

永远使对方乐于做你所提议的事。如通过给对方一种权威，令其乐于做你所提议的事。

练习与拓展

一、测试与反思

1. 如果把你的人际沟通满意程度划分等级，并将其范围定为 1~10 分（1~10 为"很不满意"到"很满意"的评分等级），你会在与不同人交往的时候获得几分呢？在你所给出的评分等级上画"√"。

沟通对象	评分等级（1~10 分）									
爸爸	1	2	3	4	5	6	7	8	9	10
妈妈	1	2	3	4	5	6	7	8	9	10
好朋友	1	2	3	4	5	6	7	8	9	10
同学	1	2	3	4	5	6	7	8	9	10
老师	1	2	3	4	5	6	7	8	9	10

2. 反思以下两个问题。

（1）你获得的最高分是和谁沟通的呢？为什么你们会沟通得如此顺利？

（2）你获得的最低分是和谁沟通的呢？难以沟通的原因是什么？

二、小体验

1. 每个小组第一位同学抽取一张纸条，上面有一句话，看完之后记住纸条上的话，回到自己的位置。听到指令后，各组的第一位同学悄悄地传话给第二位同学，声音要小，不能让下一个人听见，每人只能说一遍。然后第二位传给第三位……依次传下去，直到最后一位同学将自己听到的话写到黑板上。

哪个小组传话正确，而且速度最快就算胜利哦！

想一想：为什么一句话传来传去就变样了呢？

2. 和小伙伴们一起进行下面的撕纸游戏。

活动目的：体验双向沟通、主动沟通的重要性。

活动准备：每人两张纸。

活动过程：

（1）拿出一张纸，按以下口令撕纸。在活动过程中，不能询问，不能相互交流，也不能看他人是如何操作的。

- 将纸对折一次，撕去左上角。
- 旋转90度，撕去右下角。
- 再对折一次，撕去左下角。
- 再旋转90度，撕去右上角。

（2）展开后大家互相看一看，并分享：撕纸后有什么发现？在相同口令的引导下，为什么撕出的图案却不一样呢？

（3）拿出第二张纸，按以下口令撕纸。活动中可以根据自己不清楚的地方进行询问，也可以在不影响活动进程的前提下，相互间低声作简短的交流。

● 将纸对折一次，撕去左上角。

● 旋转 90 度，撕去右下角。

● 再对折一次，撕去左下角。

● 再旋转 90 度，撕去右上角。

（4）展开后大家再互相看看，并分享：第二次撕纸后有什么发现？为什么这次撕出的图案有很多相同的呢？两次活动口令相同，为什么结果不同呢？

---

3. 和小伙伴一起（三人一组）进行角色扮演。把自己扮演成不同角色的时候，和小伙伴进入不同的情境，去感受用不同的沟通姿态带来的情感体验。

情境扮演：A 是一位在学习方面和其他方面都需要帮助的同伴，B 是帮助者角色，C 是观察者。

（1）你通常的行为应对方式是什么？有怎样的体会呢？写下自己的感受。

角色	应对姿态	感受	C 的发现
A			
B			

（2）如果面对的同伴是打岔型或者超理智型的，自己该用什么样的应对姿态？有什么感受呢？小组讨论并分享感受。

如果小组已经完成了角色体验和分享，那么根据已有的认知和体会，试着去完善下面的表格信息。

同伴的应对姿态	我的一致型应对姿态	我的体会
打岔型		
超理智型		
指责型		
讨好型		

三、做一做

1. 小红最近很苦恼。一天放学后，小红和其他三名同学一起为班集体值日。可是那三名同学在一旁聊天的聊天，看课外书的看课外书，只有小红一个人扫地、拖地等，忙得不可开交。眼看天就要黑了，可是还有很多的事情没有完成……

此时此刻，小红的心情是：

_____

小红非常期待向那三名同学说出自己的心里话，下面表格中列出了三种她可能要说的内容，请你分别读一读，并用肢体动作和表情来表达一下小红的三种语言模式。最后把你的感受记下来。

小红的话	我的感受
你们太过分了，这些都是我一个人做，你们倒是很轻松，太可恶了！	
拜托，拜托，求求你们了，赶紧值日吧！做完了我请你们吃冰棍。	
天都要黑了，大家快点一起做吧！做不完，我们都不能回家，咱们抓紧时间吧！	

2. 生活中，遇到以下情形，你有怎样的感受？如果是你，你会在这些不同的情境中如何沟通？可以用几个词表达一下你所发现的沟通技巧吗？

情境一：小明在匆忙中撞了一个同学，还没有来得及道歉，对方就骂道："喂，你没长眼睛吗？干吗撞我？"

情境二：下课了，逸轩看到同学们正在操场上打乒乓球，想和他们一起打，可他们却拒绝了逸轩的加入，逸轩不甘心，仍然想加入。

情境三：年级集体跳绳比赛中，晓晨由于紧张连续跳失败了几次，使得他们班没能取得年级冠军，同学们都埋怨晓晨，晓晨心里难受极了，和同学们大吵了起来。

情境	我的感受	我可以这样说
一		
二		
三		
沟通技巧			

3. 下面是一封爸爸写给孩子的信，阅读这封信并结合以上所学内容，试着给自己写封信，说说你以后将怎样与别人沟通相处。

亲爱的孩子：

　　我从没有想过会用这样的方式和你聊天，你已经长大了，有了很多自己的想法，有很多的大道理我觉得没有必要再去啰里啰唆了。我只想让你把我当成朋友一样说说话。想想我自己，也是从一个小孩子，逐渐成为一个大人。当我一出生来到这个世界，首先和我沟通的是家人，然后我有了自己的小伙伴、同学和老师，同他们之间的沟通真是受益良多。回忆起来，太多的关于沟通的人和事情了，我们每个人都是情感丰富的个体，每个人都需要别人的理解和支持。

　　孩子，其实爸爸特别想和你沟通关于对待批评和情绪的态度。爸爸也是个普通的人，有情绪，有脾气，有开心，也会有难过的时候。在生活中我们与人交往，大多数人都会不时地有生气的经历，有时候就是因为受到了批评。有些批评的语言直来直去，让人只记住了受到批评的感受，而忽视了批评背后的关心和帮助。所以，我的孩子，当我们想要指出别人的问题或者反驳别人的观点时，可以试着把消极的评论放在一个概括性积极的语境中。当接受批评的人感受不到威胁时，就能够认真地听取意见，并且作出改变。相反，如果我们的批评可能会引起消极情绪，并且接受者认为是不准确的，那么自然就会忽略批评本身的意义。而在面对批评和不同的声音时，我希望你既能够客观地对待问题，保持冷静，又能够勇敢地面对，并作出自己的改变。

　　爸爸小时候在生活中是个有些小脾气、比较自我的人。悄悄告诉你，就是我比较斤斤计较，一点儿小事也不愿意让自己受一点点的委屈，老是与人们大吵大闹，最后闹得谁也不愉快，老觉得人人都和我过不去，这日子太不好过。后来，还是我的两个朋友，他们一直陪在我身边。其中一个朋友你也认识，就是大学心理系的教授王叔叔。王叔叔经常对我说的话我在这里和你共勉："生活中，心累通常是因为同身边的人沟通不良，人为地在自己的思想上加压、封闭自我造成的。同事间的小摩擦、上司偶尔的责备、家人一时的赌气等，其实都是可以通过良好的沟通技巧来化解的。"王叔叔的这些话，我一直都记得，所以现在的我才能够成为你的好朋友，成为大家的好朋友。就像前几天你还表扬我能够理解你，听你说话，是中国好爸爸！其实，我也是在不断学习和磨炼中慢慢地成为你喜欢的这个人。

所以，我亲爱的孩子，关于沟通，关于朋友，关于今后你想要走的路，我能做的就是把自己的感受和经验与你分享。下面的几条建议是我思考很久想出来的，也许会对你有所帮助。

第一，给人以真诚的笑容；

第二，要善于接受和改正自己的缺点；

第三，要尊重、体谅、关心他人；

第四，要善于流露自己的真情实感；

第五，要在谈话中善于聆听；

第六，对别人要以诚相待；

第七，要经常保持幽默感；

第八，诚心赞美别人的长处；

第九，要充满自信，举止大方；

第十，遵守诺言，讲信用。

爸爸

2018 年 6 月 1 日

沟通无界限　朋友遍天下

真诚交友

友谊在我们的成长道路上能够为我们遮风挡雨，为我们提供源源不断的能量和支持。漫长的人生路上，如果有一两个知心朋友相伴，人生就会变得更加充实美好。

友谊是人们精神生活中的一个重要组成部分，缺乏朋友的人，会感到生活的寂寞、孤独。人们需要朋友，是因为真诚的友谊让我们在遇到烦恼时，可以有人倾心诉说；遇到快乐时，可以有人共同分享；遇到困境时，可以有人共同面对……

什么是真正的友谊

晓静和丁丁，从一年级开始就是同桌，她们是班里40个同学中最先认识的两个人。从那以后，晓静和丁丁经常一起和同学们做游戏、玩耍，在学校生活得很快乐。时间过得真快呀,一转眼,她们已经上四年级了。在四年级新学期的班干部竞选中,晓静和丁丁都当选为班里的干部,她们在一起的时间更多了。老师和同学们经常看到她俩一起为班集体做事,课前帮助老师准备好教学用具,放学后两个人一起离开学校。她俩之间无话不谈,经常在一起讨论学习中遇到的问题,遇到困难互相帮助;她们还一起参加学校的田径队、书法班、合唱队。在家中,她们也经常把她俩在学校做的一些事情讲给爸爸妈妈听,有时俩人还要通上一会儿电话,说着她俩之间的小秘密。家长也为这两个孩子能够成为互相帮助的好朋友感到高兴。

从晓静和丁丁的交往过程中,我们看到她们的亲密关系是随着年龄的增长逐渐建立起来的,最终她们之间建立起了友谊。

友谊是和亲近的同伴、同学等建立起来的一种特殊的亲密人际关系。晓静和丁丁之间建立起了亲密的友谊关系,她们在学校共同完成一些任务,共同面对困难,分享着成功的喜悦,快乐地生活着。

亲密性是衡量友谊程度的一个重要指标。心理学家罗杰斯对判断朋友之间是否亲密概括了如下三点:第一,能够向朋友表露自己的思想感情和内心秘密;第二,对朋友充分信任,确信其"自我表白"将为朋友所尊重,不会被轻易外泄或用以反对自己;第三,限于被特殊评价的友谊关系中,即限于少数的密友或知己之间。

心理学研究表明,不同年龄阶段的学生对友谊的理解也不一样,且各阶段的学生对友谊的认知是逐步发展的。例如,在与人交往过程中,低年级学生的友谊主要是建立在外部条件或偶然兴趣一致的基础上;中年级学生的友谊出现了一些互惠的因素,但仍不稳定,并未建立在平等互助的基础上。

进入高年级,学生之间的同伴交往进入了一个亲密的共同分享的新阶段。这个时候,我们已经对朋友这个概念有了更深刻的认识,认为朋友之间是可以倾诉秘密、相互帮助、相互分享的，认为友谊是随着时间的推移而逐渐形成、发展的，并可以通过彼此的努力而使得朋友间的关系更亲密。在我们心中，我们觉得朋友之间应该相互信任和忠诚，能够做到同甘共苦。所以在这个时期，我们同朋友之间的友谊稳定了许多，有了固定的朋友了。对于这一点，我们都很开心。但是这个时候的朋友关系也有了很强的独占性哦！我们对选择朋友的标准更加严格了。

晓静和丁丁这对好朋友，手拉手地一起开始了五年级的生活。她们的友谊在延续。可在五年级第二学期刚开始不久的一天，刚刚下班回家的妈妈看到晓静趴在床上一动不动。妈妈以为晓静不舒服，急忙走到晓静身边，刚伸出要摸摸晓静额头的手就被晓静挡了回来。妈妈关切地询问晓静哪里不舒服，这时却看到泪水从女儿的眼中流了出来。"妈妈，我不想在我们这个班上学了！"晓静哭着说，"丁丁不理我了，而且她也不许班里的其他女生跟我玩了，班里没人理我了！"晓静越说越委屈，哭得也更厉害了。

原来，在昨天的数学测验中，丁丁得了100分，是全班唯一的一个100分，老师在班上表扬了丁丁。下课后，丁丁和晓静一边分享着她的喜悦，一边欣赏着这张满分的卷子。就在这时，晓静和丁丁同时发现丁丁做错了一道填空题，而老师却没有发现。晓静劝说丁丁拿着卷子去找老师说明，把成绩改过来。而丁丁却说那样做太丢面子，怕同学笑话，希望晓静为她保守这个秘密。晓静不肯，执意要求丁丁去找老师。丁丁却说晓静嫉妒她得了好成绩，受到老师表扬，并气愤地离开了教室！两个好朋友之间因此发生了矛盾。

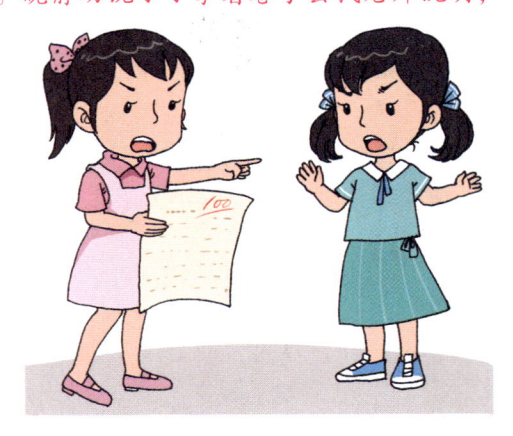

从这个事件中，我们可以看到，高年级学生之间虽然已经建立了比较稳固的友谊关系，但他们对友谊的真正含义理解得还不够深刻，认知水平有限，所以在面对一些比较复杂的问题时，理解上可能会带有一定的片面性。因此当朋友之间出现问题、分歧时，他们之间的友谊就动摇了。晓静就是因为坚持了原则，造成了丁丁对她的误解。这种现象在同学间也经常发生。当朋友间产生了误解或者发生矛盾时，我们首先应该反思误解或矛盾产生的原因，是自己的语气或者行为让同伴产生不满或误解了，还是自己错怪同伴或者反应太过激烈。承认自己的错误和不恰当之处，并站在对方的立场上去理解他们的情绪。然后彼此怀着一颗坦诚的心，抱着一种真诚的态度好好聊一聊，一定会柳暗花明的。我们不要惧怕矛盾的产生，更无须回避朋友间的矛盾，而应该积极灵活地去应对，锻炼自己与人交往的能力，这样友谊之花就会常开不败。

什么是真正的友谊呢？

有这样一个故事：两个很要好的朋友在沙漠中旅行，某一天不知道什么原因他们吵架了，其中一个人还打了另外一个人一记耳光。挨打的那个人很伤心，便一言不发地在沙子上写道："今天我的朋友打了我一巴掌。"然后他们继续往前走。走了很长时间，他们走到一片绿洲前，决定休息一会儿，挨打的那个人口渴了，就到绿洲边喝水，结果不小心滑进了水里。由于他不会游泳，差点儿被淹死。他的朋友听到呼救后及时赶到把他救了起来。被救起后，他用小刀在石头上刻下了："今天我朋友救了我。"他的朋友看到后奇怪地问："为什么我打了你以后，你写在了沙子上，而现在要刻在石头上呢？"落水的那个人笑着说："当你被一个朋友误解或者伤害时，要记在易忘的地方，风会负责抹去它；相反地，如果你被帮助，我们要把它刻在内心深处，那里任何风都不能抹灭它。"

从上面的故事中我们可以看出，真正的友谊应该建立在相互理解、相互信任的基础上，要真诚、友善地对待朋友。在我们的交往中，如果我们都主动地把喜欢、接纳、信任传递给对方，那么别人也会如我们一般给我们温暖的支持和力量。

如何建立友谊

神奇的小钥匙

在一扇大铁门上挂着一把结实的大铁锁。有一根大铁杆走过来，费了九牛二虎之力，还是不能将锁打开。这时候，小小的钥匙兄弟走过来，它瘦瘦的、细长的身体灵巧地一钻，迅速钻入了锁孔，然后轻轻转动了几下身体，只听"啪"的一声，大铁锁打开了。大铁杆奇怪地问小钥匙："为什么我费了那么大的力气也打不开，而你却轻而易举地就成功了呢？"小钥匙对着大铁锁默契地一笑，说："因为我最了解它的心。"

其实，我们每个人的心都是一扇大门，而每扇大门上面都有属于自己的一把大铁锁。如果你想打开别人的这道心门，可不要用大铁杆哦！因为那么粗鲁，不管不顾的野蛮之力只会让门关得更紧。试一试小小的钥匙吧，那把带着温暖、关心和浓浓善意的小东西，会融化大铁锁的坚硬，进入它的心。

建立友谊正如寻找能够打开我们心门的那把钥匙一样。

首先，彼此之间要相互尊重，相互欣赏。 在一切人际关系中，互相尊重是第一美德，这在友谊的建立中也尤为重要。另外，友谊是一种很纯粹的情感，当两个人兴趣相投、彼此欣赏时更容易产生友情，因为相互之间会寻找到共同语言。

其次，作为朋友，随时的沟通和聆听是非常重要的。 虽然友谊很牢固，也很脆弱多变，但如果我们能够真诚相待，理解包容，学会通情达理和换位思考，明白每个人都有缺点，并给予对方足够的时间和耐心，彼此认真倾听，在对话过程中不断交换善意，接受对方的不同意见，超越误会，那么我们就能够战胜考验，从而使相互之间的友谊更加牢固。

再次，遇到问题的时候，朋友之间应相互帮助，彼此支持。 在朋友需要你的时候，你能够为朋友提供帮助，哪怕是散散步、聊聊天，就会给朋友很大的心理安慰。需要强调的是，同学们在帮助朋友的时候也要分清是非，坚持原则，选择对朋友真正有益的方法帮助他，不能因为他是你的朋友就盲目行事，这样反而会破坏你们之间友谊的质量和长久性。

最后，提升自己，一起成长。 高质量的友谊总是发生在两个优秀的独立人格之间，它的实质就是双方互相由衷地欣赏和尊敬，因此，对于我们来说，重要的是使自己真正有价值，配得上做一个高质量的朋友，这也是我们能够为友谊所做的重要贡献。

> 你画画特别好，咱俩相互学习吧。
>
> 你字写得真好，我要向你学习。

人生离不开友谊，但要得到真正的友谊确实不容易。友谊总需要用忠诚去播种，用热情去灌溉，用原则去培养，用谅解去护理。所以，如果我们每个人都愿意选择带着理解和友好的钥匙去沟通，相信我们都能走入别人的心，相互了解，成为朋友。

练习与拓展

一、小体验

和小伙伴们一起参加一路有你的体验活动吧。

活动准备：

（1）材料：装满水的瓶子（盖上盖子）、椅子（或砖块儿）、蒙眼布。

（2）场地：没有桌椅的教室或操场；画出2~4条跑道，用装满水的瓶子和椅子（或砖块儿）在跑道中设置障碍，间距应能够使人绕障碍物前行。

活动过程：

（1）同伴两两一组。其中一人扮演盲人，用蒙眼布蒙上双眼；另一人为引导者，站在跑道外引领"盲人"穿越障碍从跑道一端走到另一端。

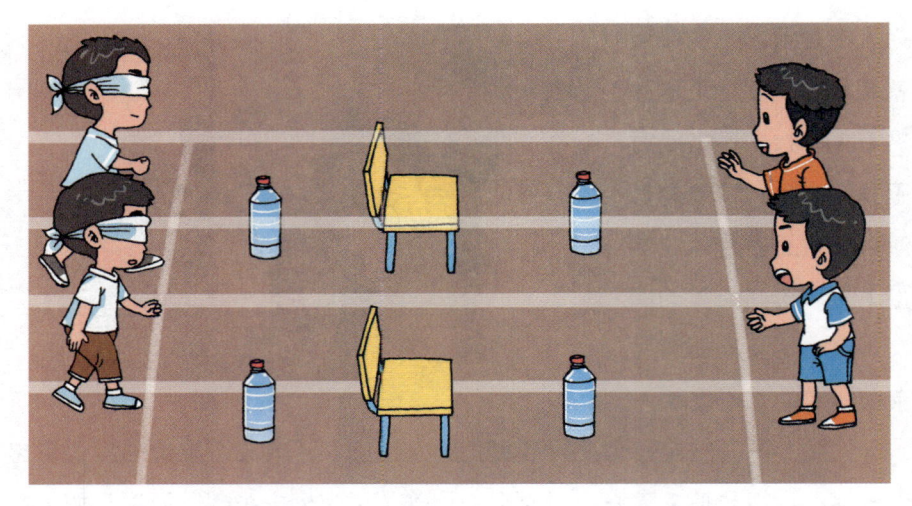

（2）穿越障碍时不能碰到障碍物，如果碰到就要回到起点重新开始。

分享：在活动过程中，"盲人"面对障碍时有什么感受？引导者面对要完成的任务有什么想法？当共同走过障碍时有什么感受？想一想，这个活动对朋友之间的相处之道有什么借鉴意义？

二、做一做

1. 建立友谊需要什么？

活动准备："建立友谊需要什么"词语卡：信任、狭隘、尊重、妥协、谦让、理解、真诚、排挤、守信、关心、宽容、谎言、义气、友善、嫉妒……

根据自己的想法，按重要程度，把"建立友谊需要什么"词语卡上的词语填写在下面的横线上，并把你认为需要补充的词语填写在"H"后面的横线上。

A._____ 二斤；B._____ 三汤匙；C._____ 六两；

D._____ 四片；E._____ 若干；F._____ 一包；

G.＿＿＿＿＿＿＿＿＿＿＿＿＿＿＿＿＿＿＿＿＿＿＿＿＿＿0克；

H.＿＿＿＿＿＿＿＿＿＿＿＿＿＿＿＿＿＿＿＿＿＿＿＿＿＿。

分享：你是如何填写友谊"配料"的？这样填写的理由是什么？在填写过程中有什么发现吗？

＿＿＿＿＿＿＿＿＿＿＿＿＿＿＿＿＿＿＿＿＿＿＿＿＿＿＿＿＿

＿＿＿＿＿＿＿＿＿＿＿＿＿＿＿＿＿＿＿＿＿＿＿＿＿＿＿＿＿

＿＿＿＿＿＿＿＿＿＿＿＿＿＿＿＿＿＿＿＿＿＿＿＿＿＿＿＿＿

2. 获得真正的友谊需要彼此之间相互信任，真诚地关心对方，包容对方的缺点……对照下面的表格，反思一下自己做得如何。（请在符合的方格中画"✓"）

"我做到……"	大多数时间	有时	不得已时	几乎不
我能够遵守承诺				
我会主动承认自己的错误				
我能够宽容对待别人对我的误解				
我能够尊重他人与我不同的想法				
我与人沟通时能做到坦诚相对				

3. 每个人都会有自己的好朋友，不仅在快乐的时候，我们能够和朋友一起分享，而且在遇到问题的时候，我们能够和朋友一起商量解决。正因为有了朋友，我们才不会觉得孤单。现在就让我们打开回忆的大门，感受内心最真实的声音，安静地想一想，写一写。

当我犯了过错时，我希望我的朋友＿＿＿＿＿＿＿＿＿＿，
不希望他们＿＿＿＿＿＿＿＿＿＿＿＿＿＿＿。
当我做得不够好时，我希望我的朋友＿＿＿＿＿＿＿＿，
不希望他们＿＿＿＿＿＿＿＿＿＿＿＿＿＿＿。
当我遇到挫折时，我希望我的朋友＿＿＿＿＿＿＿＿＿，
不希望他们＿＿＿＿＿＿＿＿＿＿＿＿＿＿＿。
当我情绪低落时，我希望我的朋友＿＿＿＿＿＿＿＿＿，
不希望他们＿＿＿＿＿＿＿＿＿＿＿＿＿＿＿。

填写好你内心的话后，请看看朋友的回答。

当我犯了过错时，我希望我的朋友能够原谅我，不希望他们批评、指责我。

当我做得不够好时，我希望我的朋友能够鼓励我，不希望他们嘲笑我。

当我遇到挫折时，我希望我的朋友能够支持、帮助我，不希望他们幸灾乐祸。

当我情绪低落时，我希望我的朋友能够安慰我，不希望他们冷落我。

对比自己内心的话和朋友的回答，你有什么发现吗？

4.阅读下面的文章，谈谈你获得了哪些启发。

小朋友：

今天让我们来谈"友谊"。

友谊是人我关系中最可宝贵的一种情缘。朋友的范围很广，父，子，兄，弟，夫，妇，都可以是你的朋友。

朋友是不分国籍、不限年龄、不拘性别的，只要理想相同、兴趣相近、情感相洽、意气相投，都可以很坚固地联结在一起。世界上有多少崇高理想的实现、艰巨事业的创立、伟大艺术的产生，都是一班志同道合的朋友共同努力、相互切磋的结果。

同时，朋友还是你空虚的填满，缺憾的补足，心灵的加深——你自己率直豪爽，你更佩服你朋友的谦退深沉；你自己热情好动，你更欣赏你朋友的冲淡静默；你自己多愁善感，你更羡慕你朋友的健硕欢欣。各种不同的人格，如同琴瑟上不同的弦子，和谐合奏，就能发出天乐般悦耳的共鸣。

交友是一种艺术。

热情、活泼、富于同情心的人，常常能吸引许多朋友，就像磁石吸引着钢铁，月亮吸引着海潮。

你能择友，则你的朋友将加倍地珍惜你的友情。

不要只想你能从朋友那里得到什么，也要想你的朋友能从你这里得到什么。

肯耕种的人才有收获，能贡献的人才配接受。

使你堕落、消沉的，不是你的好朋友。同时也要警惕，你是否在使你的朋友积极向上？

友谊是大海中的灯塔，沙漠里的绿洲。

古人说"最难风雨故人来"——不但大自然有风雨，心灵上也有风雨！

你的心灵曾否走失于空山荒野之中，风吹雨打，四顾茫茫，忽然有你的朋友，开启了"同情"的柴扉，邀请你进入他"爱"的茅庐，卸去你劳苦的蓑衣，拭去你脸上的泪雨，而把你推坐在"友情"的温暖炉火之前。

同时你也要常常开着同情的心门，生起友爱的炉火，在屋前瞭望。

古人的诗文中，有不少伤逝惜别之句，然而友谊是不死的，友谊是不因离别而断隔的。"海内存知己，天涯若比邻""得一知己，可以无憾"，这痛苦里是没有"寂寞"的，因为我们已经享有了那些朋友的友情！"寂寞"——心灵上的孤独，才是世界上最可怕的东西！

小朋友，在人生路上，我们虽然是孤身启程，而沿途却逐渐加入了许多同行的伙伴，形成了一个整齐的队伍，并肩携手，载欣载奔，使我们克服了世路的险峻崎岖，忘却了长行的疲乏劳顿，我们要如何感谢人世间有这一种关系，这一段因缘？

愿你们永远是我的好朋友，假如我配，就请你们也让我做你们的好朋友。

冰　心

一九四二年十二月二十二日

（选自冰心《寄小读者》，有删改）

同伴交往 031

男生女生

我们在童年时，男孩女孩会一块儿做游戏，会手拉手一起上学。然而，等我们长大一些后，男女同学会忽然感到陌生起来，彼此在一起的时候，有时会感到尴尬、不知所措，有时会吵得面红耳赤……这是为什么呢？

男生和女生的不同

同学们，如果班级里只有男生，或者只有女生，那么会出现什么现象呢？也许班里会少了很多篮球比赛的加油声音，少了很多柔美的舞蹈表演，足球赛可能因为缺了男生而失去了观赏的精彩……

在中国古代神话中，人是如何诞生的呢？这要归功于一个叫女娲的人身龙尾的女神。相传大英雄盘古开天辟地之后，女娲就在天地间到处游历。当时，尽管大地上已经有了山川草木、鸟兽虫鱼，但仍然显得死气沉沉，缺乏朝气。这使女娲感到十分孤独，她觉得应该给天地之间增添些更有生气、比任何生命都更卓越的生灵。女娲在黄河边游历时，低头看见了自己美丽的影子，不禁高兴起来。她决定按照自己的形貌用河床里的软泥来捏泥人。就这样，女娲捏了好多泥人，这些泥人几乎和她一样，只不过女娲给他们做了与两手相配的双腿来代替龙尾巴。女娲朝着那些捏好的小泥人吹口气，那些小泥人便"活"了起来，变成了一群能直立行走、聪明灵巧、能言会语的生灵，女娲称他们为"人"。女娲在其中一些人身上注入了阳气，于是他们就成了男性，她又在另外一些人身上注入了阴气，于是她们便成了女性。这些男性、女性围着女娲跳跃和欢呼，给大地带来了生机。

从这个故事我们知道，女娲创造男性和女性，是为了让世界更加精彩。当然，这只是神话传说。从科学研究来看，人是由古猿进化而来的，有男有女则是由男子的性染色体决定的。男性女性犹如白云红日交相辉映，他们各自发挥自己的特长，使人类的社会生活丰富多彩。

我们的班级就是由不同的男生女生组成的。你是男生，还是女生呢？成长的过程中，男生女生有什么不同呢？

随着年龄的增长，男生女生在身体和心理上的发展都有一定的差异，正是这种差异促使男女生产生了相互交流的愿望。

1. 我们的身体发生变化了

慢慢长大的男生和女生生理差异逐渐明显。它们主要表现在身体外形上出现差异，身体某些器官的结构和功能等出现显著的变化。例如，有关统计表明，男性和女性骨骼的数目虽然一样，但女性骨骼的总重量一般要比男性轻。女性骨骼的骨皮质较薄，骨密度较小，上肢骨和下肢骨比男性短，所以女性外形较之男性要矮。另外，一般男性肌肉比女性发达，因而男性不仅力量大，而且耐性强。而女性脂肪比较丰富，力气相对会小，但更加灵活。

2. 我们的心理感受也不同了

男生女生心理上逐渐形成两种不同的个性特点。男生往往勇敢刚强，果断机智，好问好动好想，女生往往感情细腻丰富，举止灵活、文雅和委婉；男性感知事物面较宽，而女性感知事物较细；男性空间定位能力较强，而女性语言表达能力较强；男性注意力多定于物，而女性注意力多定于人；男性理解记忆和抽象记忆较强，偏向于逻辑思维类型，在抗干扰和复杂环境中解决问题的能力较强，而女性机械记忆和形象记忆较强，偏向于形象思维类型，在安静环境里解决问题的能力比较稳定；男性注重理智，女性注重感情；男性相对粗心，女性相对细致……

在日常生活的习惯和细节上，男生和女生也有所不同。比如，男生和男生之间爱搭肩膀以示友好，而女生和女生之间则爱手拉着手以示友好，等等。

男生女生沟通有差异

在人际交往中,男生和女生所采用的沟通方式有很多不同之处。以下是行为心理学家研究归纳的七个不同:

(1)男生比女生更为饶舌。研究资料显示,对同一事物的叙述,女生平均使用的叙述时间较为简短,而男生则较长。

(2)男生较女生喜欢在交谈中插嘴,打断别人的说话。

(3)在谈话中,女生喜欢凝神注视谈话的对方,而男生则偏向于从对方的语言中寻求理解。

(4)在谈话过程中,男生注重控制谈话的内容,以显示他的力量,女生则注重维持对话的延续。

(5)女生倾向于将个人思想向别人诉说,而男生自认为是强者,所以比较少暴露自己。

(6)女生的谈话方式生动活泼,而男生则注重语言力量的表达。

(7)一般而言,女生显露笑容的机会较男生多。

我们在实际生活中也可以发现,男生理科稍强,女生文科略好,男生喜欢标新立异,女生学习扎扎实实,男生爱好动手实验,女生擅长社会交往。男生女生之间通过相互借鉴,完全可以从对方那里学到优点,弥补不足,共同进步。所以,

男生和女生在班级中一样重要，每个人都是不可或缺的。

认识到男生女生之间的差异，并不是要拿统一的男性标准去塑造每一个男生，或拿统一的女性标准去塑造每一个女生，而是希望男生和女生能够取长补短、相互影响，这样我们才能达到完善性格、修养品性、共同受益的目的。

男生和女生的交往

1. 男生女生交往有益处

逐渐长大的男生女生之间的交往发生了改变，我们会对异性有些朦胧的好感，但是又不清晰，所以有些同学就出现了本能的对异性的排斥现象，甚至有的同学出现同异性相互攻击的现象，而这些同我们想去了解异性或者想被异性关注一样，是成长中每个人都会经历的。在与人的交往中，很多人都有过这种体验：在有异性参加的活动中，大家一般会感到更愉快，活动的积极性会更高，往往玩得更起劲，做得更出色。这就是心理学上的"异性效应"。当有异性参加活动时，异性间心理接近的需要就得到了满足，于是，彼此间就获得了不同程度的愉悦感，激发起内在的积极性和创造力，所以说男生女生交往是有很多益处的。

（1）**我们的智力相互影响**。男生和女生在智力类型上是存在差异的，

所以如果男生女生经常在一起互相学习、互相影响，就可以取长补短，提高自己的学习效率和智力水平。

(2) **我们的情感彼此分享。** 人际交往间的情感是丰富而微妙的，在同异性交往中获得的情感交流和感受往往是我们在同性朋友身上所寻不到的，而这要归功于两性在情感特点上的差异。一般来说，女生的情感比较细腻，温和而富于同情心，情感中富有使人宁静的力量。这样，男生的苦恼和挫折感可以在女生平和的心绪与关怀、同情的目光中找到安慰；而男生的情感相对外露、粗犷、热烈而有力，可以消除女生的愁苦与疑惑。

(3) **我们的个性一起丰富。** 如果只是男生和男生交往，女生和女生交往，我们的心理发展可能会比较狭隘，如果我们和同性、异性更多的朋友进行交往，则可以丰富我们的个性。不同的人际交往可以使差异比较大的个性相互渗透和互补，使我们的情感体验更为丰富，意志也更为坚强。正如保加利亚的一位心理学家说过，男人真正的力量是带一点女性温柔色彩的刚毅。

2. 如何与异性友好交往

给同学们提供几个与异性交往的小建议，大家不妨试一试。

(1) **真诚大方。** 男生女生交往要端正态度，培养健康的交往意识。交往时要真诚、自然、落落大方。

(2) **广泛交往，交往程度宜浅不宜深。** 要避免过多的个别接触。广泛接触有利于我们认识、了解更多的异性，对异性有一个基本的总体把握。有的人外表是个迷人的小帅哥，但交往中会发现他华而不实；有的人学习成绩顶呱呱，却恃才傲物、颐指气使。如果只进行有限的个别交往，难免会"只见树木，不见森林"，对异性的了解不但有限，可能还会失之偏颇。所以，利用每一次集体活动的机会，有意识地在更广阔的人际范围内进行交往，对我们来说是很有必要的。

（3）**疏而不远，慎重而认真。**要把握与异性交往的心理距离，避免让彼此感到过于亲密而引起心绪波动的接触。如果我们在交往中发现对方的苗头不对，就要立即调整自己的态度，使交往回复到波澜不惊、心静如水的状态。这样更有利于我们的成长。

男生女生和谐交往的示例

态度	行为	举例
温和，不急躁	没有过多的身体接触	减少动手打闹
尊重，理解	没有语言的指责和议论	坦诚沟通，不大惊小怪
支持，保护	提供力所能及的帮助	在学习上相互帮助

3. 男生女生最欣赏和最不喜欢的异性表现

笔者曾经和很多男孩子、女孩子聊天，了解到一些他们心中最欣赏的异性表现和最不喜欢的异性表现。提供给同学们参考哦！

（1）**男生心中最欣赏的是以下几种女生：**脸上经常有微笑，温柔大方的女生；活泼而不疯癫，稳重而不呆板的女生；坦然、充满信心的女生；说话斯文，笑起来甜甜的女生；朴素善良、随和的女生；聪颖、善解人意的女生；纯真不做作、有性格的女生；能听取别人意见，自己又有主见的女生；不和男生打架的女生。

（2）**男生心中最不喜欢的是以下几种女生：**特别喜欢议论别人的女生；自以为是，骄傲自大的女生；唠唠叨叨、做事慢吞吞的女生；小心眼，爱大惊小怪的女生；疯疯癫癫，不懂自重自爱的女生；总喜欢和男孩找茬吵架的女生；容易悲观，容易流眼泪的女生；把传播别人小事当"正业"的女生；自以为"大姐大"，笑起来很大声的女生。

(3) **女生心中最欣赏的是以下几种男生**：大胆、勇敢的男生；幽默、诙谐的男生；思维敏捷，善于变通的男生；勤学好问的男生；团结同学，重视友情的男生；集体荣誉感强的男生；有主见的男生；勤快、热心助人的男生；有强烈上进心的男生；勇于承担责任，有魅力的男生。

(4) **女生心中最不喜欢的是以下几种男生**：满口粗言粗语的男生；吹牛皮的男生；小气、心胸狭窄的男生；粗心大意的男生；过于贪玩淘气的男生；喜欢乱花钱的男生；小小成功便沾沾自喜的男生；有时过于随便、得过且过的男生；遇突发事件容易冲动的男生；不做家务，说家务是女生的事的男生。

同学们，在生活中你们是不是也有类似的感受呢？你们是否愿意成为让别人喜欢的那一种呢？

4. 怎样对待异性间的特殊好感

12岁的小敏喜欢上了班里的小林，她觉得小林学习好，篮球打得好，而且还很友善。每天看到小林从自己身边过，她都心跳得厉害，期待和小林能够彼此更加了解。终于有一天，小敏把一张纸条递给了小林，纸条上很清楚地表达了自己的想法和愿望。

接到小敏的纸条后，小林一直没有回复。过了些日子，小林递给了小敏一张纸条，上面写着："小敏，你好！收到你的信我很惊讶，谢谢你发现了我的好。在我心中你也是个很优秀的女生，我思考了很久，也不知道该怎么说，前几天和上高中的哥哥聊天的时候，哥哥给了我一些问题让我思考，我也送给你，我们一起好好地想一想。"

"作为学生，喜欢是很美好的感情，但是在我们的学习和生活中，还有其他很多东西需要我们考虑和关注，那么我们该怎么对待它呢？

- 生理、心理上：还不成熟。
- 时间、精力上：没有足够的时间和精力。
- 经济上：不能独立，没有能力承担相应的责任。
- 学习上：会影响到我们的学业。
- 老师、父母的态度：也许会反对。
- 同学评价：有赞同，也有反对。

所以，我的结论是慎重对待，理智处理。"

看到小林的这些思考，小敏有所感悟。她放下了这种不够成熟的情感，全身心投入到紧张的学习中。

同学们，在青春这个美好的年纪里，总有一种关怀让我们心存感激，总有一种爱慕让我们难以割舍，总有一种放弃让我们泪流满面。我们很难避开这段复杂的心路历程。要知道，青春是一条渡我们走向成熟的船，也是一条我们无法留住的岁月的河。青春的青苹果，谁采摘了，谁就会品尝到生活的酸涩，而尝不到熟果的甜蜜。错过今天不成熟的情感之果，还会有明日的芳香。但是如果错过了青春这段学习的最佳时期，我们将抱憾终生。

所以，在男生女生交往中，我们一定要做到：

真诚相待，坦然处之。相互体谅，彼此尊重。

相互关心，相互帮助。坦诚大方，把握分寸。

一视同仁，等距交往。认真严肃，彼此成长。

练习与拓展

一、小体验

1. "海岛登陆"游戏。

活动材料：一张报纸或一张大布

活动情境：男生女生一起乘船出海。航行中，遇到恶劣的天气，小船快要被打翻了。庆幸的是，在不远处有一座很小的岛屿，但岛上的空间有限。危险还在继续，各个小组要尽快找到解决的方法，渡过难关。

活动规则：男生女生混合编组，5~6人一组。将手中的报纸（大布）当成海岛，伴随着海水的漫延，海岛逐渐被淹没，面积在逐渐缩小，每缩小一次对折一次报纸（大布），其间全体成员要集体登陆到海岛上才算成功[不能有人的脚在报纸（大布）以外的地方]。在一次次登陆的过程中，小组成员需要分工合作，借助男生女生不同的优势来完成。

在游戏过程中，男生女生是怎样发挥各自的特点和优势，互相帮助渡过难关的？写下你印象最深刻的那个瞬间。

_____

_____

经过游戏探索，你欣赏的异性标准有变化吗？写下来和我们一起分享吧。

（可以用几个词或简单的短语来概括）

我欣赏的男生：_____

我欣赏的女生：_____

这样的男生（女生）可以带给我：_____

2. 和小伙伴们分组开展一个时装展示会。各组分别选出一个"时装模特"，然后本组男生女生一起合作为这个模特设计一套服装，并推选一个同学在时装展示会上介绍本组设计的服装。

在这个活动中，男生女生发挥了什么作用？哪些环节配合得好？哪些环节配合得不好？也可以具体举例说一说哦。

3. 星期一，班里开展卫生大扫除，班级值日工作有擦玻璃、擦黑板、擦桌子、扫地、拖地板、搬桌椅、拎水桶……假如你是班级的生活委员，你将怎样根据男生女生不同的特点来安排工作？为什么？

人员	分配	分配理由	效果
男生			

（续表）

人员	分配	分配理由	效果
女生			

从以上分工中，你发现了：_____

_____

_____

_____

_____

了解了男生和女生的不同后，你是否能够真心地去赞美对方的某些特点呢？回忆一下自己的交往经历，都有哪些类似的男女分工合作的情况呢？

_____

_____

_____

_____

_____

_____

二、做一做

1. 亲爱的同学们，我们来做个趣味小测试，一起来看看，我们每个人的行为表现是不是因为成长发生了变化呢？在你选择的项下打"✓"。

（1）经常对着镜子端详自己的容貌。（是　否）

（2）开始注意自己的衣着和打扮。（是　否）

（3）很在意异性同学对自己的评价。（是　否）

（4）想在学习、活动等某一方面与众不同，引起异性同学的注意。（是　否）

（5）喜欢私下里谈论异性同学的趣事。（是　否）

（6）会对比较熟悉的异性同学进行嘲讽或开玩笑。（是　否）

（7）与异性同学相处时，既感到愉快，又感到紧张。（是　否）

如果有一半题目的答案选择"是"的话，说明你的变化已经开始悄悄产生，这也是成长中正常的变化哦。那么，作为男生（女生），在成长的过程中，你认为自己有哪些独有的特点呢？总结一下并将其写下来。

2. 请你用一些关键词或者短语来表达一下你心中男生女生在交往中需要注意的地方，并说明原因，找到适合自己的交往方式。

我觉得，男生女生交往中需要注意的是：＿＿＿＿＿＿＿＿＿＿

因为：＿＿＿＿＿＿＿＿＿＿

适合我的交往方式：_____
_____
_____
_____

3. 你身边有没有深受大家欢迎的同学，不论是男生还是女生，和其相处得都非常融洽。其实只要我们真诚待人、坦然大方地与异性交往，就一定能获得异性同学的尊重和友情。请你对下面情境中男生女生与异性同学交往的方式是否正确或者合适进行判断，并说明原因。

交往情境	是否正确（合适）	原因
某班的男生女生喜欢用"那帮女生""那帮男生"来称呼对方		
小雅性格内向，平时连话都不敢和男生说，只要和男生说话脸就通红。每次向男生借东西，她都要请同桌小颖帮忙		
小颖活泼开朗，和男生的关系很好，经常和一群男生在一起有说有笑。周六晚上，班里一个男生打电话约她看电影，然后一起去逛夜市，小颖欣然答应		
小雯的朋友很多，有女生，也有男生。女生有看电影等活动一定会叫上她，男生骑车郊游也少不了她。她经常和她的朋友们在一起讨论问题，畅谈理想和人生		

4. 读读下面一位中学老师分享给学生们的话，思考回答相关问题。

亲爱的同学们：

　　大家好！我是一个老师，也是一个父亲。在不久前，我和班里的一位同学聊起了关于男生女生的话题。他告诉我，进入中学后，他发现自己开始注意班里的女同学，渐渐地对其中的一名同学产生好感。她漂亮、洒脱而且文雅，与众不同。他怀疑自己在暗恋。随着感情的加深，他有些恐惧，甚至有些烦恼，他该如何克服这种情绪呢？

　　作为一个成年人、一个父亲，我是这样和他分享的。

　　异性之间相互吸引，是人的天性，也是很正常的。我特别想和这个男生说的是，恭喜你，孩子，你在慢慢长大。我们每个人从出生开始就在用各种方式来认识这个世界，学习各种本领，学习理解他人。我也有一个儿子，他也遇到过和这个男生一样的问题。从不谙世事的小孩子，突然变成一个富有情愫的男孩子，这真的值得恭喜。在恭喜之余，我还想真诚地提醒同学们，这种体验是美好的，不必恐惧，也不必烦恼。男生女生之间相互有好感，相互喜欢，这是人世间最美好的感情。这种感情一定要记在心中，因为记得，也许你会在学习和其他方面更加有动力；因为喜欢，你会激励自己成为最好的自己。但是我也想提醒同学们，对待这种感情要谨慎，不要因为自己刻意的追求而深陷其中，不能自拔。

　　如果是我，我不会急于表达自己的感情，如同一张白纸，一旦戳破了，就失去了自身的美丽。这时，可以多接触其他的同学，保持心胸开阔，因为喜欢而让自己努力地成长。当人生的灿烂阳光照耀在你的世界的时候，你会发现当初的努力让这份喜欢变得更加长远，更加有意义。

　　亲爱的同学，你是否也经历过或者正在经历着这样的困惑呢？你是如何处理的呢？如果是你，你将如何和这位同学沟通呢？

读了这位老师分享的内容和他的处理方法，你有什么想法呢？

老师，是启迪学生心灵、开启学生智慧之门的人。在求学生涯中，他们不仅教给我们知识，还能给予我们支持、帮助与关爱。

我们希望自己遇到的老师是我们的良师益友，希望我们的老师是温和的，善解人意的。我们希望和我们的老师成为朋友，希望与老师建立更亲密的关系……那么在师生交往过程中我们该如何做呢？

师生交往

走近老师

在学校每个人都有自己的老师,老师不仅教给我们文化知识,也教给我们做人的道理。老师是我们成长路上的引路人,师生之间是一种真诚合作的关系,所以相互理解、及时沟通很重要,而这就需要我们走近老师。

我们的老师

唐代著名散文家韩愈在《师说》中写道:"师者,所以传道受业解惑也。"意思是说,教师的职责是为学生传授做人道理,教授知识,解决人生和学业方面遇到的问题。所以,教师这个职业是一项艰巨而辛苦的工作。

冬天的一个夜晚,黄老师在检查好学生们的晚休情况后,回到房间继续伏案工作，筹划明天班级"感恩父母"的演讲活动。快12点时，他听到一阵急促的敲门声。刚一开门，班长就喘着气告诉他：小东同学肚子痛，痛得直冒冷汗。黄老师匆匆穿上大衣，与班长一起跑到了学生宿舍，并赶紧把小东送到医院。医生诊断病情后为小东输上液。等输完液已是凌晨2点多了，黄老师又把小东送回学校，并叮嘱小东好好休息，有情况及时告诉他。忙完一切后将近3点黄老师才休息。6点，起床的铃声响起，尽管很困很累，但是黄老师迅速起床，又开始了新的一天的工作。

从上文我们可以看到，其实很多时候，老师不仅仅承担教书的任务。和学生谈心的时候，他们是心理辅导员；运动场上，他们是教练；文艺会演中，他们是导演、策划人、化妆师；学生生病的时候，他们是看护者；带领学生外出活动时，他们是保安……同时老师也拥有他们的其他社会角色，是父母，是子女，是丈夫（妻子）……

现在，你对教师这个职业是不是又有了新的认识呢？其实，老师也是普通人，他们也有喜怒哀乐，也都有自己的性格和情绪。所以，当我们遇到和蔼可亲的老师，与学生打成一片的老师，严厉、一丝不苟的老师，等等，都如同遇到性格各异却使生活丰富多彩的同学们一样，值得我们去了解和交往。

什么是良好的师生关系

新学期开始，婷婷升入了自己心仪已久的一所中学，成为一名中学生。一直期待初中生活的婷婷开学不久就总是闷闷不乐的，细心的妈妈怀疑婷婷在新学校遇到了什么不愉快的事，再三追问下婷婷终于说出了最近遇到的烦心事。

沟通无界限　朋友遍天下

"李老师对我们要求可真严啊!"

原来,婷婷现在的班主任李老师是学校里的优秀班主任,也是班级的语文老师。同学们都为能在中学遇到这样一位好老师而感到高兴。然而和老师接触几天后,同学们发现李老师不苟言笑,管理严格,要求大家上课提前到,听课的时候不能有任何走神儿,午休的时候不许像其他班同学那样到操场上去玩,只能在教室里看书或者写作业……刚开学不到两个星期,大家就怨声载道,觉得这个老师太没有人情味了。

婷婷说她特别怀念小学那位既年轻又开朗活泼的王老师。

听了婷婷的诉说,妈妈笑了。

婷婷不解地问道:"妈妈,你怎么一点都不同情我们呢,还笑!"妈妈摸了摸婷婷的头慈爱地说:"你们不是刚跟李老师认识不到一个月吗?李老师到底是个怎样的老师你们还并不知道,需要一点时间让你们相互了解啊。""那我们该怎么尽快地了解老师呢?"婷婷显得很着急。妈妈想了想,语重心长地说:"要用你们的眼睛、耳朵和心啊!"婷婷似懂非懂地点了点头。

你们理解婷婷妈妈说的话吗?在不同的学习阶段,我们会接触到不同的老师,这些老师各有各的性格特点,也各有各的教学风格,我们要在和老师的交往中不断地去了解和理解他们。

首先,我们应该知道,师生关系既是一种社会关系、工作关系,又是一种心理上的互动、交流关系。教师能否胜任教育教学工作,学生能否全面、主动地发展,最终完成学习任务,很大程度上取决于师生关系是否良好。

古人云："亲其师，信其道。""亲师"便是一种良好的师生关系，是学生接受老师教导的重要前提。教师每天都在和天真纯洁的学生交往。这种交往不仅是传授科学文化知识，也是心灵的对话、情感的交流，教师的兴趣爱好、气质修养等都会潜移默化地影响学生。所以教师对于学生而言不仅是知识的传授者，更是学生心灵的启迪者。

研究表明，师生之间的关系具有三种基本的表现形态：一是放任自由型，教师不干涉学生的行为，也不与学生交流沟通，师生关系冷漠；二是严厉专制型，教师对学生过于严厉，学生畏惧教师，师生关系紧张；三是民主合作型，教师与学生互相尊重，经常一起制定目标、探讨问题，师生关系融洽。

显然，民主合作型的师生关系最有利于提高教育教学的成效，它是师生共同追求的目标。师生关系是教师和学生双方的关系，因此教师和学生都应从自身出发，为建立良好的师生关系而努力。

民主合作型的师生关系

影响师生关系的因素

在学校，总是有些学生和老师相处得很融洽，而有些却比较一般，想一下，是不是以下因素造成的呢？

首先，学生性格特点的差异会导致师生关系的不同。性格外向开朗的学生，心理上比较容易靠近老师，因此敢于与老师沟通交流，也就容易与老师建立良好的关系。而性格内向的学生面对老师会紧张，害怕与老师碰面，不敢与老师交流，从而也就阻碍了师生情感的互动，不利于良好师生关系的培养。

其次，学生对师生关系的预期和观点也会影响师生关系。如果学生认为师生关系是民主平等的，就敢于与老师沟通；但如果学生认为老师高高在上，从而对老师敬而远之，这样就在很大程度上切断了师生之间交流的渠道，何谈建立良好的师生关系。

最后，有研究表明学生的学业表现对师生关系有一定的影响作用。一方面，教师对学业表现好的学生会表现出更积极的交往方式，对其更为关注和赞许，表达出更高的期望，从而促进师生之间积极的情感交流。另一方面，学业表现好的学生往往自信心更强，自我意识水平更高，在师生交往中表现得更为积极、主动。

如何同老师交往

师生关系的质量与青少年的发展水平之间具有相互影响甚至互为因果的密切联系。很多同学有过这样的体会，因为喜欢某位老师所以就喜欢这门课程，这门课的成绩也会比较好；如果不喜欢某位老师，对这门课也会不感兴趣甚至很抵触，成绩自然也不会太好。作为学生，我们每天的大多数时间都在学校同老师一起度过，那么，同老师的交往中我们该怎样做呢？下面给大家一些建议：

首先，我们要尊重老师，尊重老师的劳动。 学生要尊敬老师，见到老师要礼貌地打声招呼，这是基本的礼仪。老师在教学过程中都会无私地、毫无保留地把自己所学的知识和积累的经验教给学生，每位老师都希望自己的学生在知识的高峰上越攀越远，在人生的征程上越走越辉煌。所以，对于学生来说，上课认真听讲，不违反纪律，把老师留的作业保质保量地完成，这不仅是每一位学生应尽的职责，而且是对老师的尊重。只要学生尊敬老师，尊重老师的劳动，老师就会与学生心贴心，师生就会和谐相处。

其次，勤学上进、虚心求教在同老师的交往中也是非常重要的。 学生不应故意以一些表面性的东西来博取老师的欢心，须知，要得到老师的喜欢，根本的途径是在自己身上体现出老师劳动的价值。勤奋好学的学生，会以自己优异的学业成绩和良好的道德品质回报老师，使老师的辛勤劳动获得丰硕成果。另外，在学习中遇到不懂的问题向老师请教也是勤学好问的表现，同样也是对老师的尊重。当我们主动向老师虚心求教的时候，不仅使自己的学习受益，而且还会加深和老师的交流，无形中也就缩短了与老师之间的距离。其实，向老师请教问题往往是师生间交往的第一步。除班主任外，任课老师同学生直接交往的时间较少，那么，常向老师请教学习上的问题就可以加深师生彼此的了解和感情。

最后，主动与老师交往。虽然在师生交往中学生一般是被动的，但为了建立良好的师生关系，学生应当主动地与老师交往。其实，每位老师都希望与同学多接触、多交往，但由于老师要同时面对很多学生，有时就会照顾不到所有的同学，在这种情况下学生主动与老师接触、多向老师请教就显得十分必要了。

融洽师生关系，你不妨采取以下行动：

● 教师节来了，送给老师一句温馨的祝福语。

● 课堂上积极发言，平时虚心求教。

● 利用班级过新年、开联欢会的时机，把老师请来，向老师表达美好的愿望。

● 对班级的建设，给老师提出积极的建议。

● 把自己的烦恼告诉老师，寻求老师的帮助。

综上，以恰当的方式与老师沟通不仅能使我们感到轻松，还能从老师那里得到帮助，解决学习上的问题；以恰当的方式与老师沟通不仅能使我们感到满足，还能从老师那里得到更多的理解和鼓励，增强自己学习的信心；以恰当的方式与老师沟通不仅能使我们感到愉快，还能从老师身上学到良好的为人处世原则，提高我们的人际交往能力。因此，主动地去了解老师，走近老师，同老师建立起良好的师生关系，将会有利于我们快乐地学习，促进我们身心的健康成长。

练习与拓展

一、小体验

1. 采访任课老师，听听他们的心里话。采访前，请列出提纲，想想去采访哪些老师，想了解这些老师哪些方面的情况。例如：

> （1）老师您教几个班？您感觉累吗？每天您除了上课，其他时间还需要做什么工作？
> （2）作为一位老师，您有压力吗？压力来自哪些方面？
> （3）家里有老人需要您赡养吗？有孩子需要您照顾吗？
> （4）您能全方位地了解每一个学生吗？为什么？
> （5）在与学生交往中，您有哪些烦恼的事？

2. 读下面的故事情境，并回答问题。

历史课上，老师板书时写错了一个字，有同学提出后老师作了改正。但刚平静下来不久，小明却说道："老师还写错字。"引得一些同学哄堂大笑。老师在整顿完纪律后，要求小明坐到教室最后面的一个空位上，小明气呼呼地坐在那里就是不动。老师也很生气，一场冲突即将爆发……

（1）老师写错字，你能接受吗？为什么？

（2）对"老师也很生气"，你是怎么想的？如果冲突发展下去会产生什么后果和影响？

（3）小明这样做对吗？这样能处理好与老师的关系吗？你认为最好怎么做？

二、做一做

1. 你认为下面和老师的交往方式哪些合适？哪些不合适？如果不合适，应该怎样做？

（1）课堂上老师讲的内容没听懂，课下主动去向老师请教。

（2）校园外遇到老师也主动问好。

（3）楼道里遇到老师紧走两步低头过去。

（4）老师说的话都是对的，应该照办。

（5）如果老师没有找自己，就不会主动去找老师谈心。

（6）面对老师的一些不合理要求忍气吞声，背后发牢骚。

（7）节假日通过卡片、短信等方式给老师送去祝福。

（8）经常帮老师擦黑板、拿教学用具等，但是学习上不够认真。

（9）生活上遇到一些烦恼，会向老师咨询建议。

（10）平时见面只与自己班的老师打招呼。

2. 你能用简练的语言概括出你的不同任课老师的特别之处吗？

任课老师	特别之处
语文老师	
数学老师	
英语老师	
音乐老师	
体育老师	
美术老师	
科学老师	
品德与社会老师	

3. 期末考试后一位班主任给他的学生写了一封信，请你用心读后谈谈自己的感受，反思一下自己同班主任之间的相处情况。

同学们，你们好！

　　这是我第一次提笔给全班同学写信。其实书信是一种很好的交流方式，希望我们以后能多用这种方式沟通、交流。从前天我得到你们期末考试的成绩起，我就一直在分析每个同学各科的成绩，为你们取得的优秀成绩和有进步的同学感到高兴,同时也为没有发挥好的同学感到惋惜。

作为老师,我深知肩负的责任的重大,很清楚自己的思想行为对于你们的成长意味着什么。我的一位学生曾经在毕业赠言上写道:"老师如黑夜里的一盏明灯,我却用它寻找生命的方向!"因此,我对自己的工作不敢有丝毫的懈怠。当然,我更希望用这种对工作的热情来影响你们,和你们一起成长。

对于你们,我也有愧疚和歉意。我对你们每一位同学都寄予了极大的希望,希望你们能志存高远,发奋拼搏,每一个同学都能在这几年中有所成就。所以我对大家的要求就格外高了些,甚至有时显得不近情理,但我希望大家能够理解。我知道大家对我的态度是既敬又畏,有些同学甚至害怕和我单独接触,更别指望你们能对我说出心里话了。我也常常在反思自己的工作方式,很想找到一个宽严适度、赏罚分明,既能关注你们的感受又能促进你们全面发展的工作方式,但这又似乎很难完全做到,但我仍会继续努力。另外,由于工作任务和时间上的限制,我也较少主动地单独找大家交流谈心,对学习感到吃力的同学的指导太少,等等。对此,我深表歉意!

我一直认为,一个真正想要学有所成的学生,需是一个平心静气的学习者、思考者。学习绝不是肤浅的模仿,而是深层次的追求超越。只有对问题进行深入思考,才能使认识不断得到完善。初中的科目相对于小学而言,专业性增强了,知识难度加大了,有些同学开始感到力不从心或者严重偏科。进入初一下学期以后，有些同学渐渐失去了学习的兴趣和动力。对此，我希望你们不要感到迷茫和徘徊不前。你们一定要相信自己，一点一点地积累，踏踏实实地走好每一步，只要每天都有所进步便是值得开心的。

常言道：有志者，事竟成，破釜沉舟，百二秦关终属楚；苦心人，天不负，卧薪尝胆，三千越甲可吞吴。所以说，每一个成功都来之不易，都浸透着成功者的汗水和泪水。是该努力的时候了，我相信我们班的每一位同学都是有足够的能力的，只要你们克服懒惰的思想，把自己的潜力发挥出来，是完全可以让人刮目相看的。但是，令我感到担心的是，我们班有些同学成绩还不是特别优秀，而且仅仅差那么一点。要知道，只要你们用坚强的毅力、持久的恒心，是能够再上一个台阶的。

最后，我想对你们说的是，你们每一个人都是我非常想去走近和了解的，也希望你们能够主动走近我，我们一起面对生活和学习中的种种考验！

你们的班主任老师

听听老师怎么说

在学校里如果得到老师的表扬，我们就会一整天乐滋滋的。如果是受到了批评呢？你是怎样对待老师的批评的？对于老师的批评，我们总是习惯于把老师推到自己的对立面，总认为老师故意和自己过不去。但是大家知道吗，一棵长歪的小竹子，如果不及时扶正，而让它任意弯曲生长，等到它长大时再来扶正就来不及了。所以当老师批评我们的时候，我们要好好反思，认真听一听老师批评背后的期望。

老师的批评

在低年级的时候，同学们对老师通常是无条件地服从、崇拜和敬畏的，老师话语的权威性甚至强于父母。升入高年级后，有些同学发现自己不再像低年级的时候那样崇拜老师，把老师的话当成圣旨一样了，有时对于老师的要求或者批评有了自己的看法，有时甚至是抵触。这说明随着年龄的增长，同学们的认知能力、社会交往能力都产生了很大的变化，而这些变化也影响着同学们的社会交往行为。小学高年级的同学正处于青春期前期，自我意识迅速增强，与低年级同学相比，更渴望得到成人的尊重和平等的对待。特别是六年级的学生开始面临升学的压力，学习任务也越来越繁重。由于过重的学习负担给同学们造成了较大的心理压力，来自家长和老师的较高期望和单一的评价标准，让有些同学和老师处于相互对立的状态，所以当老师的要求或者批评成为同学们的压力源的时候，就容易导致师生双方的矛盾冲突。让我们一起来看看六年级的刘娜和李晓同学的困惑吧。

六年级（3）班的刘娜和六年级（8）班李晓住在一个小区，她们是无话不说的好朋友。最近几天刘娜发现李晓总是闷闷不乐、沉默寡言，不像以前那样爱说爱笑了。

放学回家的路上，刘娜关心地询问李晓最近是不是遇到了什么烦心事。李晓一下子打开了话匣子，把自己的烦恼告诉了好朋友："过去我们的英语老师对我特别好，我很乐意听他讲课，对英语也非常感兴趣，经常课前做好预习，主动配合老师上课，当时总觉得不好好学习就是对不起老师。那时我的英语成绩也特别棒，在我们班里总是前几名。可在上个星期的一堂英语课上，我旁边的一位同学随意讲话，影响了老师讲课和同学们听课，老师误以为是我，当众批评了我，我心里很不服气，但又不敢说。从此，每次上英语课时，我既怕他又怨他，常常因此陷入苦闷之中，没有办法集中精力听课，英语成绩也明显下

降。你说，我该怎么办呢？"

听了李晓的诉说，刘娜也不知所措了，她只好安慰好朋友说："我以前也遇到过被老师误会的事情，其实我也不知道该怎么用恰当的方式去解决。""哎！"两个好朋友都无奈地叹了口气。

你遇到过和她俩类似的困惑吗？你是如何消除这一困惑的？

其实，我们在学校与老师的接触和交往同我们与同学、与家人的交往一样，难免会遇到互相不理解、互相误会的情况。当我们被老师误会的时候之所以会感到格外不开心和沮丧，是因为我们很看重老师对我们的印象和评价，老师的误解会使我们在情感上感到失落，害怕老师因此与我们疏远，这是可以理解的。

在 20 世纪 90 年代晚期，美国国家科学院召集了一个由持不同看法的儿童发展研究专家组成的委员会，试图解决一些大脑发展问题。他们有一个中心结论是，人与人之间的关系是健康发展的基石。委员会也提到，孩子的成就一般出现在与他人关系亲密的背景中。研究发现，和孩子建立互相信任的关系可以让他们拥有安全感；如果孩子长期处于害怕或是紧张的关系模式下，那么就会注意力不容易集中，记忆力欠佳，很难做到自我控制。孩子有了安全感才能专注学习。这一发现也就解释了为什么当同学们被老师忽视甚至误解后会影响到情绪和学习成绩。

你是不是特别重视与老师的关系，其重视程度甚至超过与父母的关系？当被老师接纳和信任时，你就会感受到老师的关爱，感受到自己的价值；当得到老师的支持和鼓励时，你就会充满力

量，感到自信；当能够与老师真诚相处，进行情感交流时，你就会更加易于融入集体生活，喜欢集体生活。

所以，我们会特别在意老师语言表达的内容带给自己的感受，以致当听到老师批评自己成绩不够理想、学习态度还不够认真或者某方面还与别人有差距的时候，就会觉得这是老师对自己个体价值的否定，因此产生抵触情绪，甚至会用不太恰当的语言和行为来表示自己的不满。但是，此时，我们是否关注到老师的感受？我们是不是也该听听老师在批评背后对我们的期望呢？让我们来听听老师的心里话吧！

作为一名老师，我认为教育的真谛是：让学生获得人生的幸福。让他们在离开学校、走上社会以后，仍然快乐地追求幸福。教育不是让人走向上流社会，而是获取智慧和心灵自立的力量。老师，就要有一颗宽容的心，成为学生的良师益友。当他们取得进步和成绩的时候，适时的表扬鼓励让他们时刻感到自信，激发他们的学习欲望和兴趣；但是当学生犯错时，也要严厉地批评和及时地纠正，帮助他们找到正确的方向，发挥自身最大的潜能。学生的成长有时会像蛇蜕皮似的需要一次次的挣扎，老师要帮助他们完成这一次次的成长，彼此难免会有摩擦、冲突，如果我们没有一颗博大宽容的心，学生就会经常失去学习、进步的信心。

从上面这些真挚的话语中我们不难看出老师对自己学生的关爱与期望。

有一只小燕子，它生来就比别的燕子小，燕子妈妈担心它往南迁徙的时候会经受不住路途的颠簸，所以就希望它留在北方过冬，可是燕子爸爸却认为，如果小燕子不往南方飞的话，那么它长大之后就不可能独立地生活，所以坚持要小燕子往南方飞。一路上燕子爸爸告诉小燕子："你行的，你一定行的！"小燕子在爸爸的鼓励下，坚持着，坚持着，在最困难的时候也坚持住了。一个月以后，它们来到了南方。

其实，很多老师就像这个燕子爸爸一样对自己的学生充满期望，充满信任。他们相信学生有更大的潜力，能做得更好，所以他们愿意给学生以最大的信任和最多的帮助。但是，有时候老师的这份期望和信任却没有被同学们理解，甚至产生了误解。这时候同学们不妨试着换位思考，从老师的角度来体会他们对我们的期望和信任。

换位思考，理解老师

因为师生双方存在着知识、经验、价值观及对事物观察判断角度等多方面的差异，所以，在进行交流和沟通时经常会出现意见分歧。如果双方都能本着尊重对方、理解对方的态度，努力缩小或消除分歧，就不难获得某种共识，促进双方关系的发展。

怎样才能在意见分歧时做到相互理解呢？这就需要换位思考了。所谓换位思考是指在人际交往中，能从对方的立场和角度去思考其所言所行，从而理解对方的思想感情，以避免产生误解和不必要的矛盾。

首先，我们在与老师沟通时要努力做到换位思考。注意在产生意见分歧、争执不下时保持冷静，学会从老师的角度去考虑他的意见是否有道理，思考不同意见的背后是否存在着立场、观点上的原则性分歧，而不要一味地为了维护自己的自尊或面子，而蛮横地反驳老师。只有这样，才能从老师的意见中发现某些理性而又充满期望的情感，发现自己某些考虑不周全的地方，发现双方意见中可能存在的共同点或互补之处，从而促使自己心平气和地与老师沟通，最后取得共识。

其次，正确理解和对待老师的表扬与批评。 表扬是肯定，是鼓励，是期待，表扬好比加油站，要再接再厉；批评是爱护，是鞭策，也是期待，批评好比防疫站或急诊室，要做到有则改之，无则加勉。老师是我们成长的引路人，当我们能够对老师多一份理解、多一份感激时，就会体会到老师那份浓浓的爱。当我们理解了老师严格要求和批评背后所表达的期望时，也许看待老师的眼光会发生一些变化。

最后，还要学会以恰当的方式化解与老师之间的误解和矛盾。 "金无足赤，人无完人。"老师也是人，没有一点过失是不可能的，也是不真实的。如果有时老师误解了我们，那么，用恰当的方式指出老师的错误是对老师的尊重。所谓恰当的方式，就是要考虑到犯错误者的情感——不伤害老师。老师也有被学生尊重、理解的需要，作为学生要正确对待老师的过失，并委婉地向老师提出意见，时机也要适当。如果被老师误会，不要当面顶撞，否则不但无助于问题的解决，还会恶化师生关系。这时，我们就要懂得沟通的技巧，先冷静一下，等大家都心平气和了再和老师交流。

如果是我们自己犯了错误也要勇于承认，及时改正。有的同学明知自己错了，受到老师批评时，即使心里服气，嘴上也不愿认错。而这样做会让老师误以为你不虚心、不愿承认错误，从而造成师生间的误解。还有的同学受过老师一次批评心里就特别怕那个老师，认为那个老师对自己有成见。其实，老师只是就事论事，老师批评的目的是要告诉你这件事做错了，希望你能够改正。老师不会因为谁有一次没有完成作业或有一次违反纪律就认为他是坏学生，就对他有成见。相信老师是会全面、客观地评价学生的。

当老师犯错的时候，我们应该怎样给老师提个醒呢？

（1）提醒老师的错误时，要把握时机，分清场合。

（2）语气平和，注意方式。

（3）坦诚相待，多一点宽容，言有分寸。

（4）可借助书信等方式提醒。

（5）不要伤害老师的自尊心。

（6）要根据每个老师的不同特点来指出。

静下心来回想一下和老师的交往中曾让我们感到不开心不舒服的一幕，想一想当时的情境是怎样的，老师在做什么，自己在做什么，如果自己是老师，当时的心情可能会怎么样？通过以上思考，你有没有发现，同样一句话，如果仅仅站在自己的角度，也许会"口服心不服"地接纳或者抵触老师的教育，认为这样的言语伤害了自己；但如果站在老师的角度，就会发现老师的话其实是为了给你的成长带来帮助。这样，原有情绪或许就会发生变化，我们会获得不同的心理体验。

练习与拓展

一、做一做

1. 看看下面的故事，并说出你的想法。

因为爸爸妈妈在外地工作，轩轩从小跟爷爷奶奶一起生活。爷爷奶奶都是中学退休教师，平时对轩轩照顾得很周到，还常常利用假期带他外出旅行，让他增长见识。在学习上，爷爷奶奶对轩轩的要求很严格，不允许他在学习上有一点儿失误。在这样的教育下，轩轩从小学到初中成绩一直很好，还是班干部，平时经常听到老师、邻居夸奖他学习好、见多识广。轩轩经常听到的是表扬的声音，这使他有些骄傲，听不进去别人的批评，有时犯了小错老师批评两句他就很不开心，见到这位老师也不打招呼，甚至还在这个老师的课堂上故意捣乱。

期中考试时，班主任张老师从教室外面看到轩轩给他后面的同学递小纸条。考虑到轩轩是个自尊心很强的孩子，也为了不影响全班同学考试，张老师没有立即进教室制止轩轩，而是在放学后以让轩轩帮老师做事情为借口把他留下来谈话。没想到轩轩不但不承认自己的错误，反而还为自己找理由开脱，说传纸条是为了帮后面的同学，他考不好回家会被打。老师明确指出这种错误的危害后，轩轩仍拒不认错。老师很生气，严厉批评了轩轩这种不虚心接受批评的态度，告诉轩轩这件事要跟他家长说。

第二天，轩轩待在自己屋里不出来，奶奶问他为什么不去上学，轩轩说："张老师批评我，我不想去上学了。"

对轩轩的表现，你有什么看法？如果你是轩轩，你会怎样处理这件事？

2. 如何面对老师的批评？你赞成以下哪些做法？对不赞成的做法说出原因。

（1）不管对错，对老师的批评都不放在心上。

（2）人无完人，也许老师的批评是因为一些小误会，老师管我们是对的，我们要接受，反正老师是不会害我们的。

（3）觉得不是自己的错，受批评后垂头丧气，自暴自弃。

（4）自己做错了就承认，但自己是对的就要坚持。老师也不一定就是对的。

（5）与老师产生隔阂，以后遇到就会紧张。

（6）先听老师说，要是老师是对的，就接受，要是老师是错的，就和他据理力争。

（7）低着头，保持沉默。

（8）如果老师是对的，就下定决心改正。如果老师的话和事实有偏差，那就先认真听他讲，等下课或放学后再找他单独把事情解释清楚。

3. 下面是一位同学的日记，记录了他对老师从不理解到理解的态度转变过程，反思一下你在哪些方面也有类似的经历，自己是怎么想的。

人生路漫漫，刚开始总会有一些我们所不理解的事，也许这些事会随着我们年龄的增长、视野的开阔、思想的成熟而渐渐被理解，也许有一些事情我们永远都不会明白，这些事会随着时间的推移而慢慢地埋藏于心底。

我曾经就有过不理解老师的时候，但随着年龄的增长，现在我已经理解了老师，假若我永远都不理解老师的话，那么这将会是我人生的一大遗憾，让我惭愧不已……

13岁时，我开始了初中生活。初一的学习很紧张，刚步入初中校园的我还不适应这样的快节奏，常常是到晚上11点才能完成作业。时间长了，觉得自己快被作业压得喘不过气来了。我向爸爸诉苦、诉怨，觉得老师留的作业太多。第二天，爸爸就跟老师反映了我的抱怨，老师也马上找我谈话了，老师说："其他的同学怎么没有这样的反应呢？不如你回去再反思一下，或者同同学们交流一下，看看究竟是什么原因造成的这种压力，是否是自己的效率不高……"

那天谈过话，我尝试着调整了学习方法，效率果然提高了。后来，作业更多了，尤其是作文是我的薄弱项，提起来就头疼，但我还是努力提高效率，认认真真地完成每项作业，认认真真地写好每篇作文。初一的期末考试，我的作文受到了好评，老师还让我在班里读了自己的作文，并当着全班同学夸奖我的作文水平有了很大提高，说这是与我的认真和努力分不开的。

晚上回想老师夸奖我的话，我才明白老师的良苦用心，是啊！我是一个认真的人，老师留的每项作业我都认真完成，对于那些可写可不写的"兴趣"作业，比如周记、随笔等，我也同样对待，不知不觉中我的写作水平就提高了许多，这是我自己的努力成果，不也是老师的功劳吗？老师常说："书山有路勤为径，学海无涯苦作舟。"要是没有老师的鼓励和鞭策，我怎么能有这么大的进步呢？我终于理解了老师，她是为我们好，是她教会我们飞翔的技巧并让我们不断练习，所以我们才能飞得更高更远。

_____
_____
_____
_____

二、小体验

1.很多同学不喜欢老师过于严厉的话语，也不喜欢老师批评自己的学习成绩还不够好或者某些方面的表现不尽如人意，他们经常会因此产生厌烦、抵触的情绪。这时候，同学们可能更多地关注了老师语言表达的内容带给自己的感受，而忽略了老师话语背后对我们的期待。让我们一起来做"寻找潜台词"的体验活动吧！

现在请你闭上眼睛，回想一下老师曾对你说过的让你不喜欢的话，想一想当时你的心理感受是什么，然后把这些话写下来，并用一两个词语概括你的感受。

序号	我不喜欢的话	我的感受
1		
2		
3		
4		
5		

现在我们来尝试做些调整，探究一下这些话的潜台词。

序号	老师的话	潜台词
1		
2		
3		
4		
5		

2.让我们再次回到上面活动的情境中，参考你已经挖掘出的老师的潜台词，来做一次角色扮演。

角色A（老师）：说出你刚才写下来的话，并配上相应的表情和动作。

角色B（老师的旁白）：感受老师内心的情绪和其潜台词。（此刻，老师的内心……）

角色C（学生自己）：寻找发现老师话语中对自己有积极意义的力量。

我的发现：

让我说声"谢谢您"

每个人的成长都离不开老师的辛勤培育。有人说老师是蜡烛,默默地燃烧自己照亮别人;有人说老师是辛勤的园丁,用汗水培育出祖国的花朵;也有人说老师是春蚕,耗尽毕生精力,只为教育我们。师恩如炎炎夏日里的清风,猎猎寒风中的红日,如洒满大地的甘霖,跨越天际的斑斓彩虹。在你的心目中,老师是什么样的呢?让你最难忘的老师是谁呢?

吾爱吾师

其实,每一位老师在学生的世界里都扮演着不同的角色。老师是孩子们在校园中的"父母",他们是学生在学校的监护人,呵护学生的身心,关注学生的安全;老师是学生的引路人,肩负着传道、授业、解惑的重任,用他们广博的知识、较高的文化素养以及高超的教学艺术,让学生学得轻松，学得扎实，激励学生，感染学生，让学生学到丰富的知识，受到美的熏陶；老师是学生的楷模，学生总是在潜移默化中受到老师品行修养的影响，老师的言谈举止和形象会对学生的心灵产生深刻而久远的影响，因此老师也被誉为"人类灵魂的工程师"；老师是严格的管理者，能够帮助学生养成严于律己的习惯，发展学生的各项能力，完善学生的个性；老师还是学生的心理辅导员，能够倾听学生的心声，关注学生的情绪变化，调节学生的心理状态，解除学生的心理压力。总之，老师在学生的世界里扮演着形形色色的角色，他们以自己独特的人格魅力，得到我们最诚挚的敬意。

看了老师所扮演的多种不同角色和他们对我们的深刻影响，你是不是也在回想着让自己感动而又难以忘怀的那些老师呢？

我最难忘的老师是三年级时教过我的白老师。她对我们的关心让我感动，使我记忆深刻。

我在三年级时当了学习委员。记得一天中午，白老师告诉我们中队干部要开重要的会，回家吃午饭的同学要早回班。我答应完了就回了家。可是，我当时没把这件事放在心上，等走到家时已经完全忘掉了。

到了下午，我按平常的时间到了班里。一进班，白老师就叫我过去。我听到一个同学问我："你中午怎么没来呀？"这才一下子想起开会的事来。白老师问我："秦木天，你怎么没早来呀？别的同学练了中队会的流程。你是护旗手，中午应该学正步走的。"我一听，一下子呆住了。我是护旗手，这下完了。我没按时来开会，老师一定会找中午在的同学代替我了。家长也要来参加中队会，到时候就看不到我当护旗手了，该怎么办呢？想到这儿，我的眼泪都聚在眼眶里，快冒出来了。正当我不知所措时，忽然听见白老师说："田静，你过来一下。"这时，老师对田静说："你课下教一下秦木天怎么走正步。"然后，白老师和气地对我说："作为干部，就要负起自己应该负的责任，并且起到带头作用。以后不要再像今天一样了。回座位吧！"我吃了一惊，同时又高兴又感动。

  直到现在，我还记着这件事。我会一直记着它的，因为白老师的关爱和谅解温暖着我，也深深地教育着我，并时刻提醒我要做一个负责任的人。

  让我们一起再来看看著名作家魏巍最难忘的恩师吧。他这样描述让自己终生难忘的蔡老师：

  最使我难忘的，是我小学时候的女教师蔡芸芝先生。

  现在回想起来，她那时有十八九岁。右嘴角边有榆钱大小一块黑痣。在我的记忆里，她是一个温柔和美丽的人。

  她从来不打骂我们。仅仅有一次，她的教鞭好像要落下来，我用石板一迎，教鞭轻轻地敲在石板边上，大伙笑了，她也笑了。我用儿童的狡猾的眼光察觉，她爱我们，并没有存心要打的意思。孩子们是多么善于观察这一点啊。

  在课外的时候，她教我们跳舞，我现在还记得她把我扮成女孩子表演跳舞的情景。

  在假日里，她把我们带到她的家里和女朋友的家里，在她的女朋友的园子里，她还让我们观察蜜蜂；也是在那时候，我认识了蜂王，并且平生第一次吃了蜂蜜。

她爱诗，并且爱用歌唱的音调教我们读诗。直到现在我还记得她读诗的音调，还能背诵她教我们的诗：

圆天盖着大海，

黑水托着孤舟，

远看不见山，

那天边只有云头，

也看不见树，

那水上只有海鸥……

今天想来，她对我的接近文学和爱好文学，是有着多么有益的影响！

像这样的教师，我们怎么会不喜欢她，怎么会不愿意和她亲近呢？我们见了她不由得就围上去。即使她写字的时候，我们也默默地看着她，连她握铅笔的姿势都急于模仿。

…………

每逢放假的时候，我们就更不愿离开她。我还记得，放假前我默默地站在她的身边，看她收拾这样那样东西的情景。蔡老师！我不知道你当时是不是察觉，一个孩子站在那里，对你是多么的依恋！至于暑假，对于一个喜欢他的老师的孩子来说，又是多么漫长！……

（节选自魏巍《我的老师》）

　　写作这篇散文时，魏巍已经和蔡老师分别多年了，但是，蔡老师温柔美丽的形象、崇高的师德、渊博的知识、高超的教学艺术和那颗慈母般的心灵，无时无刻不在撞击着作者的心灵，作者也无时无刻不在思念着自己的老师，感恩她在自己成长过程中给予的关怀和支持。其实在我们的身边有很多兢兢业业、任劳任怨的老师，他们在平凡的工作岗位上做着不平凡的事情，默默地奉献着自己。有一位老师曾经说过这样的话：我们不需要太多的荣誉和赞美，我们只喜欢"老师"这两个字，只希望学生能够实现他们的人生梦想，这就是我们毕生所追求的……这些质朴的言语无疑是教师们共同的心声，是他们内心世界最真实的情感流露。作为学生，我们又怎能不爱他们呢？

感恩吾师

中华民族自古就有尊敬师长、感念师恩的优良传统。古人说"天地君亲师"，讲究"一日为师，终身为父"，并且在拜师入门之时要行极其隆重的大礼，由此可见古人对师恩的重视。如唐代诗人许浑的《送僧归金山寺》写道："老归江上寺，不忘旧师恩。驻锡逢山色，停杯见浪痕。秋涛吞楚驿，晓月上荆门。为访题诗处，莓苔几字存。"这首诗表达了诗人虽身已至老年，但仍旧难忘师恩的深切感情。

鲁迅先生也是尊师念恩的楷模。他12岁时进三味书屋，在寿镜吾先生身边学习了约五年的时间。寿先生是当地有名的宿儒，品德高尚，学问渊博，对学生要求很严。鲁迅对寿先生十分敬重，上课用心听讲，课后虚心请教。有一次，鲁迅因事迟到，先生批评了他，他虚心接受了批评，还在课桌上刻了"早"字来提醒自己。鲁迅去日本留学后，还经常给寿先生写信问安，归国后又多次去三味书屋看望寿先生。

毛泽东对老师的尊敬更是给我们留下美谈。1959年，毛泽东回到了阔别三十二年的故乡——韶山，请韶山的老人们吃饭。毛泽东亲自把老师让在首席，向他敬酒，表达对老师的敬意。毛泽东青年时代听过徐特立先生的课，在徐特立六十寿辰时，他还特意写信向徐老祝贺。信中说："你是我二十年前的先生，你现在仍然是我的先生，你将来必定还是我的先生。"

同学们，历史上很多名人贤士都念念不忘老师的施教之恩，居里夫人就曾经说过：一个人不管取得多么值得骄傲的成绩，都应该饮水思源，应该记住是自己的老师为他们的成长播下了最初的种子。

我们感谢老师们辛勤的教育，感恩于他们的谆谆教诲，然而，再多赞美的言语、仰慕的情感，也比不上我们用爱和行动来感恩老师。

感恩老师，并不需要我们去做什么惊天动地的大事。它表现在日常生活中的点点滴滴：预备铃响，立刻进入教室，静待老师到来，这便是感恩；上课认真听讲，记笔记，不打瞌睡，不做与课堂无关的事情，按时保质保量完成作业，给老师一个愉悦的心情，是感恩；下课后，在走廊里看到了老师，一抹淡淡的微笑，一声礼貌的"老师好"，是感恩；每逢教师节，对老师道一声"老师，您辛苦了，节日快乐！"这也是感恩；平日里刻苦钻研，认真学习，力争以自己最好的成绩来回报老师，这更是感恩。看到这些，同学们试着回想一下，我们平日里都做到了哪些。让我们用行动对自己的老师说声"谢谢您"！

练习与拓展

一、做一做

1. "教师"知多少。

（1）下面被称为"教师始祖"的是（　　）。

　　A. 老子　　　　　B. 孔子　　　　　C. 孟子

（2）请将下面的句子补充完整。

一日为师，_____。

十年树木，_____。

桃李不言，_____。

春蚕到死丝方尽，_____。

落红不是无情物，_____。

（3）你知道关于教师的称谓有哪些吗？

（4）你知道歌颂教师的歌曲或谚语有哪些吗？

（5）"是故弟子不必不如师，师不必贤于弟子"这句话出自谁的作品？

（6）"千教万教教人求真，千学万学学做真人"这句话出自我国哪位教育家之言？

2. 让我们来想一想，老师在我们的生活中都起到了哪些作用？没有了他们，我们的生活将是什么样的呢？请你结合实际求学经历将自己的感想写下来，并与大家讨论一下。

老师的作用：_____

如果没有了老师：_____

3. 为了更好地表达对老师的感恩之情，请你搜集一些关于感恩老师的诗歌，并与朋友们开展一次以"让我说声'谢谢您'"为主题的诗歌朗诵会吧。

感恩老师

送您一束鲜花，表达我们对您的敬意；

送您一首动听的歌曲，给您带来一丝甜蜜。

老师——您辛苦了，是您带我们走过风雨，

是您用知识的营养将我们哺育，却从来不求回报与索取。

是您给我们解答一道道难题，

是您告诉我们：遇到困难时，不要轻易说放弃。

从此我们的生命中，随时充满了欢喜，

少了许多烦恼，增添了一份坚毅。

又是一个收获的秋季，您仍紧握手中彩色的画笔，

描绘着美好的蓝图，滋润着祖国的桃李。

深夜里您还在认真地备课，睡梦中您仍回味着我们成功的乐趣。

我们是春天里盛开的鲜花，是您给我们奏出美妙的旋律。

您是辛勤的园丁，我们会牢记您的谆谆话语。

走好生命中的每一步，友爱，健美，求实，进取！

二、小体验

1. 难忘恩师。

（1）小学生活是童年记忆中最美好的篇章，我们难忘朝夕相处的同学，更会将自己的启蒙老师记在心中。翻开记忆的相册，老师们的身影再次展现在眼前。

我的第一任语文老师是_____老师，教我读写拼音"a""o""e"。

我的第一任数学老师是_____老师，教我计算"1+1=2"。

_____老师教我第一节音乐课，我学会的第一首歌是《_____》。

几年来，当过我的班主任的老师有_____老师、_____老师、_____老师……

_____老师是我很喜欢的老师，我喜欢他教的_____课。

_____老师是我很喜欢的老师，我喜欢他教的_____课。

_____老师是我很喜欢的老师，我喜欢他教的_____课。

（2）对于教过自己的老师，你有什么心愿吗？你打算用怎样的方式表达呢？

我的心愿：_____

_____

_____

我的计划：_____

_____

_____

2. 我想对您说。

（1）我们每一步的成长都离不开老师的辛勤教导与培养，让我们怀着感恩的心，为老师制作一张感谢卡吧！

（2）给教过你的某位老师写一封信，表达你的感恩之情。

家，是一个温暖的字眼；家，是一个避风的港湾；家，是我们内心深处最柔软的地方。

随着年龄的增长，我们更希望走出家门，看看大千世界；我们更愿意拥有更多自由的空间，小时候爸爸妈妈温柔的嘱托，现在听在耳中似乎有些刺耳，有些唠叨。面对爸爸妈妈，有了那么一丝的不耐烦，一丝的违拗……

面对这样的情绪，面对有些僵持的亲情，我们该怎么办？

亲子交往

看看我的家

家是社会的最小单位,家是一个充满爱的地方。无论你是在天涯,还是在海角,只要一想到家,就会有一种温暖回荡在心头。家对我们来说是如此重要,它的和谐稳定关系重大,家和才能万事兴。

不同家庭不同的感受

爸爸、妈妈和我

爸爸是蓝天,妈妈是白云,
我是一只快乐的小鸟,
在蓝天和白云之间飞来飞去。
爸爸是大山,妈妈是小溪,
我是一只可爱的小鹿,

在大山和小溪之间跑来跑去。

爸爸是大海，妈妈是浪花，

我是一条自由自在的小鱼，

在大海和浪花之间游来游去。

爸爸是大树，妈妈是鲜花，

我是一只勤劳的小蜜蜂，

在大树和鲜花之间飞来飞去。

我们的家中有爸爸妈妈，也许还有爷爷奶奶、姥爷姥姥、哥哥姐姐、弟弟妹妹。让我们一起来看看下面四位同学的家庭吧。

晓晓生活在一个大家庭。有一个不爱说话但总能满足他愿望的爸爸，有一个对他照顾得很周到但又十分严格的妈妈，还有和他们生活在一起、十分疼爱他的爷爷奶奶，还有每到周末他就会去探望的姥爷姥姥，以及和姥爷姥姥生活在一起的舅舅舅妈和小表妹。

欢欢家的家庭成员相对较少，家里只有爸爸妈妈，爷爷奶奶、姥爷姥姥都在外地。爸爸是外企高管，经济条件优厚，但每天总是早出晚归，忙忙碌碌，欢欢只有在周末和节假日才能和他交流。而爸爸和她说得最多的就是学习成绩。妈妈没有上班，在家做"围裙妈妈"，主要照顾爸爸和欢欢的生活。欢欢更喜欢和妈妈交流。

宁宁很小的时候，爸爸妈妈就离婚了。妈妈的经济条件不是很好，就把他交给爸爸抚养。爸爸平时工作很忙，为了能更好地照顾家里，爸爸又结婚了。一到周末，新妈妈就给他做好吃的，还经常和爸爸一起带他去公园玩，给宁宁买新衣服。但后来妈妈生了小妹妹，大家就把大部分精力用来照顾小妹妹了。白天爸爸妈妈都上班，家中由小妹妹的姥姥照看，同时还负责接送宁宁上下学。

小旭跟着爷爷奶奶生活，他的爸爸妈妈都外出打工了，一年才回来一到两次，而且每次回来在家的时间也不长。爷爷奶奶在生活上对小旭照顾得无微不至，他的各种要求也都尽量满足。他们对小旭的学习要求也不是很高，甚至没有什么要求。

我们可以看到，晓晓、欢欢、宁宁、小旭生活在不同的家庭，每个人对家庭都有不同的感受。晓晓觉得自己很幸福，大家都那么地爱他。欢欢觉得妈妈最爱她，有什么要求妈妈都能满足；爸爸和她距离很远，很少过问她的事情，而且爸爸对她很严厉，她觉得爸爸不那么爱她。宁宁感觉家中缺少温暖，自己很孤独，他觉得谁都不爱他，总感觉家人都在围着小妹妹转，没有人可以同他谈天说地、说知心话。小旭总有种被抛弃的感觉，虽然爷爷奶奶很爱他，不限制他的自由，但他依然觉得很孤单，缺少被爱的感觉。

由此我们可以发现每个人对自己的家庭以及家人对自己的爱的感受不同，这是为什么呢？让我们一起先来看一个小故事吧。

石油大亨洛克菲勒的儿子生性比较多疑。有一天，父子两人在储藏室收拾东西，父亲让孩子爬上一个高高的架子。爬之前孩子就担心地问父亲会不会把梯子抽走，父亲让孩子放心，但等孩子爬上去后，洛克菲勒却真的把梯子抽走了。孩子不解地问父亲："你为什么骗我？"父亲说："我要让你知道，一切都要靠自己，不要指望别人。"儿子伤心地站在架子上，失望地想：爸爸怎么这样对我。他犹豫再三，流着泪，终于下定了决心闭上眼睛跳下去，让他想不到的是父亲张开了双臂稳稳地接住了他。孩子惊奇地睁开眼，看到父亲轻轻地抚摸着他的头说："孩子，我要让你记住，任何时候，爸爸都会站在你的身边，这个世界上你要连你的父亲都不信，还能信谁呢。"

看了这个故事，你认为洛克菲勒是个怎样的父亲呢？

你知道吗，爱的表达方式有许多种。满足你的要求是爱，生活上无微不至的关心是爱，严格的要求是爱，甚至小小的惩罚也可以是爱的一种方式。

很多时候，能不能感受到家人对我们的"爱"，是取决于你的期望、你的接纳的。例如，弟弟妹妹分走的只是爸爸妈妈的时间，可能还有关注，但他们是分不走爸爸妈妈的爱的，而且还能带来更多的爱——来自弟弟妹妹的爱。

我的家和家中的爱

亲爱的同学，你生活的家庭是怎样的呢？家给你的感觉又是什么样的呢？你有没有像晓晓、欢欢、宁宁、小旭那样的感受呢？

在思考这些问题前，还是让我们先来参照晓晓的家庭图谱，然后认真地看看自己的家庭是一个怎样的情况吧。

亲子交往

爷爷：70岁　奶奶：66岁　　姥爷：66岁　姥姥：62岁

爸爸：39岁　妈妈：37岁　　舅舅：32岁　舅妈：30岁

晓晓：13岁　　　　表妹：5岁

◯ 代表男性；　◯ 代表女性；—— 代表很爱自己；
～～～ 代表有冲突、矛盾；……… 代表关系一般；------ 代表感受不到爱。

晓晓的家庭图谱

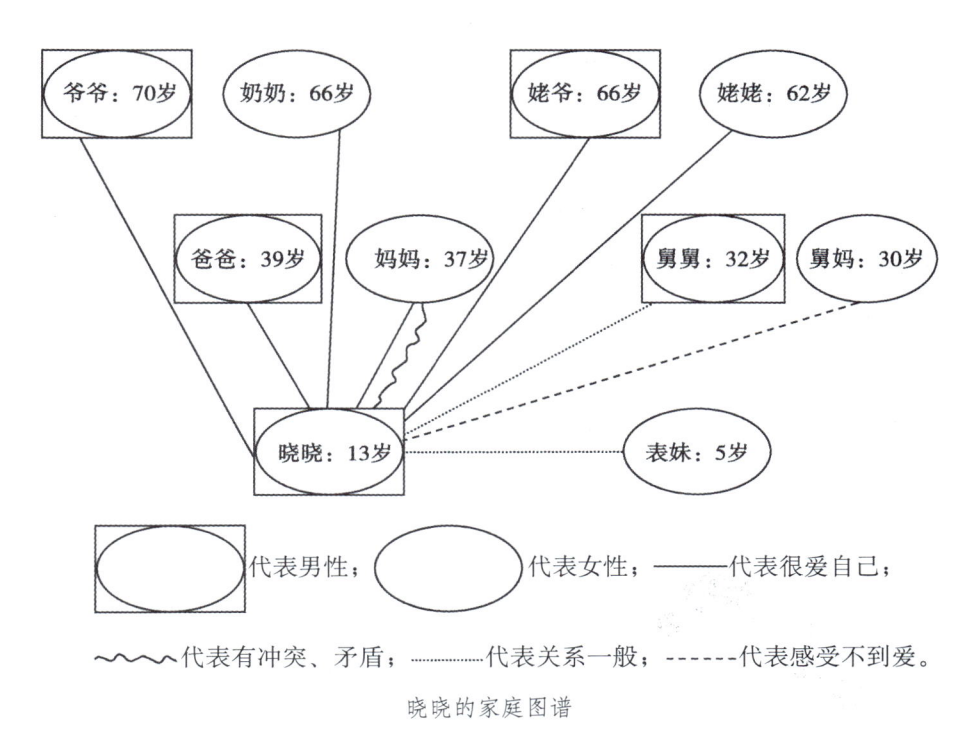

　　从晓晓的家庭图谱中，我们看到，晓晓的爷爷奶奶、爸爸妈妈、姥爷姥姥都让晓晓感受到爱。现在同学们也可以拿出笔试着画出自己的家庭图谱，并标出每位重要的家庭成员与自己的关系。

同学，不管你生活在怎样的家庭中，要坚信，爸爸妈妈和其他家人都是爱你的，只是每个人表达爱的方式有所不同。现在，让我们静下心来，闭上眼睛，在心中打开那本时间的相册，看一看我们从小到大的一幅幅画面吧。

　　随着"哇哇哇"的稚嫩的哭声，一个小生命出生了，此时的爸爸妈妈是那么喜悦。他们围在你的身边，你的每一个细微的表情、每一声啼哭，都牵动着他们的心。

　　在他们细心呵护下，你终于学会走路了。爸爸弯下高大的身躯，扶着你的小胳膊，帮助你走稳，生怕蹒跚的你跌倒。

　　当你在咿咿呀呀中突然蹦出"爸爸""妈妈"等一个个词时，全家人都为你欢呼。

　　爸爸妈妈给你穿衣、喂饭。你生病了，可急坏了他们，抱你去医院，跑前跑后为你挂号、拿药，一直守在身边看护你。

　　是他们教会了你自己吃饭、自己穿衣，背出第一首诗词……

　　是他们牵着你的手，把你送进了幼儿园、小学……

　　找找家里的相册，看看你和家人在一起的瞬间，每一张照片都记录着一个"爱"的故事。

相信和理解父母的爱

1. 不同类型的家庭教养方式

　　相关研究表明，父母养育子女有以下四种教养方式：

(1) **专制型**。这是一种限制性非常强的教养方式。这种类型的父母，通常会给孩子制定很多规则，期望孩子能严格遵守。他们很少或从不解释为什么要遵守这些规则。一旦孩子没能遵守，他们会用惩罚或其他强制手段迫使孩子顺从。不能说这样的父母不爱孩子，相反，他们太爱自己的孩子了，期望自己的孩子长大后有所作为。

(2) **权威型**。这是一种具有控制性但又比较灵活的教养方式。这种类型的父母会对孩子提出许多合理的要求，并且会向孩子说明遵守这些要求的理由。他们能尊重孩子的观点，以合理民主的方式去管理孩子。这样的父母很受孩子欢迎。

(3) **放任型**。这是一种接纳且放任的教养方式。这种类型的父母较少对孩子有要求，允许孩子自由地表达自己的感受，他们从不限制孩子。

(4) **不作为型**。这是一种非常放任且对孩子有较低要求的教养方式。这种类型的父母会拒绝孩子的要求，他们可能太关注自己的工作了，无暇顾及孩子。他们陪伴孩子的时间很少。其实他们也是爱孩子的，但是由于工作压力很大而忽视了对孩子的教育。

2. 换个角度看看我的家

也许你生活在自己不太理解或者不太喜欢的家庭教养方式中，但你可以改变自己的视角去看看自己的家。你知道有名的情绪 ABC 理论吗？

情绪 ABC 理论是由美国心理学家艾利斯创建的。他认为人的消极情绪和行为障碍结果（C），不是由于某一激发事件（A）直接引发的，而是由于经受这一事件的个体对它不正确的认知和评价所产生的错误信念（B）直接引起。正是由于我们常有的一些不合理的信念才使我们产生情绪困扰。如果这些不合理的信念持续存在，久而久之，还会引起情绪障碍呢。

依据情绪 ABC 理论，分析日常生活中的一些具体情况，我们发现人的不合理信念常常具有以下三个特征：

(1) **绝对化的要求**。它是指人们常常以自己的意愿为出发点,认为某些事物必定发生或不发生的想法。它常常表现为将"希望""想要"等绝对化为"必须""应该"或"一定要"等。例如,"爸爸明天必须陪我出去玩""妈妈必须给我买那件衣服"等。因此,当爸爸妈妈不能满足他们的这种绝对要求时,他们就会感到难以接受和适应,从而陷入情绪困扰之中。

(2) **过分概括化**。这是一种以偏概全的不合理思维方式,它常常把"有时""某些"过分概括化为"总是""所有"等。这就好像凭一本书的封面来判定它的好坏一样。它具体体现在人们对自己或他人的不合理评价上,典型特征是以某一件或某几件事来评价自身或他人的整体价值。例如,有些孩子在受到家长的一次正常批评后,就会认为父母再也不喜欢自己了,这种片面的自我否定往往导致自暴自弃、自罪自责等不良情绪。而这种评价一旦指向父母,就会一味地指责他们,感觉他们什么事都要管,从而产生怨愤、敌意等消极情绪。

(3) **糟糕至极**。这种信念认为如果一件不好的事情发生,那将是非常可怕和糟糕至极的。例如,"这次我没考好,爸爸妈妈一定对我失望极了""爸爸妈妈今天因为我生气了,他们一定不爱我了"。这种想法是非理性的,因为如果一个人坚持这种"糟糕至极"观念时,那么当他遇到所谓的百分之百糟糕的事时,他就会陷入不良的情绪之中而一蹶不振。

因此,在家庭生活中,当你遇到一些不顺心的事情,要想避免情绪失调,就应多自我反思,看自己是否存在一些"绝对化的要求""过分概括化"和"糟糕至极"等不合理想法,如果有,就要有意识地用合理的观念取而代之。经过一段时间这样的训练，你会发现，你眼前美好的事情多起来了，你的家变得越来越温馨，你会感到你正在被浓浓的爱包围着。

练习与拓展

一、做一做

1. 请你在下面方框里写出家庭中四个重要的人。想一想你经常对他们产生怎样的情感，写在下面对应的椭圆中。再仔细地想一想，当你有这样的情感时，他们经常在做怎样的事，或说怎样的话，写在对应的横线上。

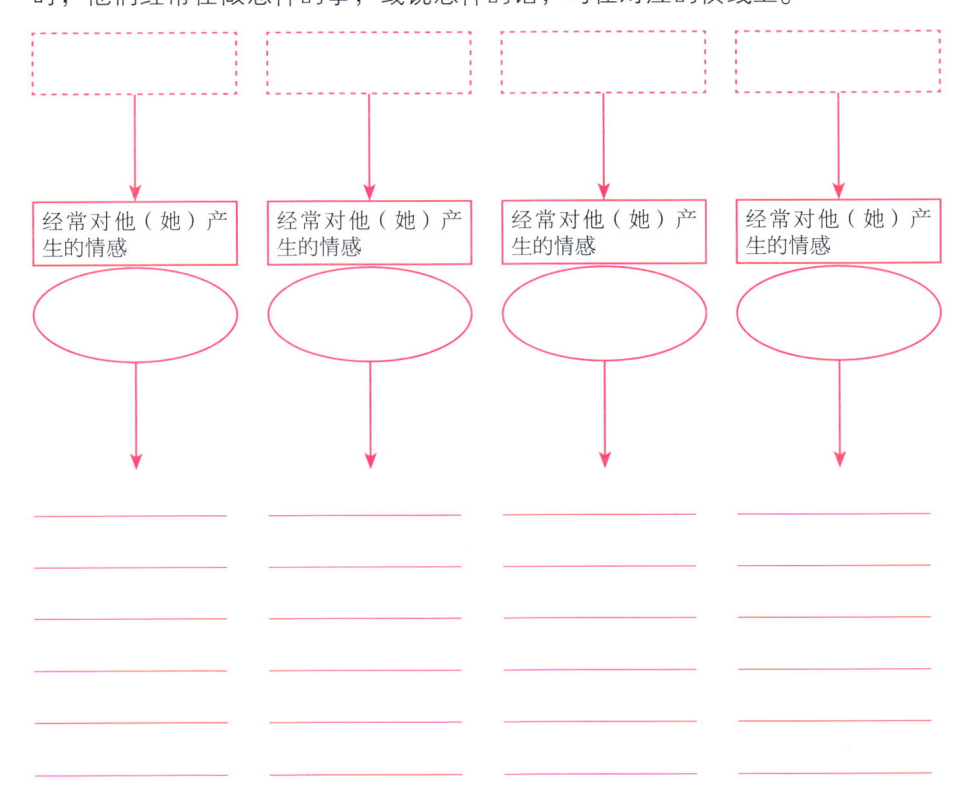

| 经常对他（她）产生的情感 | 经常对他（她）产生的情感 | 经常对他（她）产生的情感 | 经常对他（她）产生的情感 |

你发现了吗，你只是因为某件事或某句话才对家人产生某种情感，如何更好地接纳你对这些重要的家庭成员产生的情感呢，你一定有了新的感悟与发现。请把这些发现写下来。

_____
_____
_____
_____

2. 让我们试着用前面学习的情绪 ABC 理论解决下面的问题。

有一个叫涵涵的女孩，她 12 岁了，家里有爸爸妈妈和一个 3 岁的弟弟。爸爸妈妈为了培养她，给她报了合唱班、舞蹈班、主持人班，而她也确实很有天赋，多才多艺，学习也不错。放学时，有时候会看到妈妈带着弟弟来接她，弟弟和她很亲近，见到她就会扑上来让她抱。外人会感到她生活在一个温馨的家庭中，可她却不这么认为。

比如，爸爸妈妈总是围着小弟弟转，给弟弟喂饭、陪弟弟玩，甚至和弟弟说话的态度都与和她说话时不一样。他们对弟弟很有耐心，对她说话总没耐心，要求也多，更多是命令口吻。她和弟弟玩的时候，弟弟一哭，妈妈总是说她不会哄弟弟，而不去关心弟弟为什么哭。

她认定是爸爸妈妈不爱她，而只爱弟弟，她觉得爸爸妈妈重男轻女。为此她十分苦恼。当爸爸妈妈说她时，她会去顶撞他们，有时候会故意做出点出格的事气他们。

同学们，真是这样吗？涵涵的爸爸妈妈不爱她吗？请你用情绪 ABC 理论看一看涵涵有哪些不合理的想法。

文中事件（选一个）	涵涵的想法	还能怎样想（你的想法）

3. 请你试着做做情绪 ABC 理论日记，把你和爸爸妈妈，或者其他家庭成员之间引发你不好感受的事件记下来。记录人物、时间、地点等具体的情况，再写下你当时的想法，并对这种想法的信任度在 0~100 间打分。最后记下对这件不好的事的感觉，并对这一感觉的强烈程度也进行如前的打分。

不好的事	想法	感觉
今天是周六，妈妈一定要我把作业都完成，而不允许我看电视	为什么非要今天完成，明天再完成不行吗？ 80	气愤。90

每周再对你的记录做一个评估。挑出一件不好的事，对照文中情绪 ABC 理论中不合理信念的特征，看看你的想法是否与它们吻合。再试着列出所有可能的想法（解释），看看你更信任哪种解释。如果用这种想法去看这件不好的事，会是什么样的感觉（结果）。

二、小体验

1. 现在，我们要来一场生命之旅，可以带上你认为最重要的几位家人，启程前，请你慎重考虑，这几位家人会陪伴你走完接下来的成长之旅。你会带上谁呢？为什么？

_____
_____
_____

准备好了吗？请你带上这几位重要家人登上"成长号"航船，出发吧。

船在生命的海洋上航行，突然遇到了风浪，这时候你的家人拼尽全力保护你，不让你受伤，他们都筋疲力尽地瘫倒在地，但看到安全的你，他们很欣慰。此时，你想对他们说些什么呢？

_____
_____
_____

"成长号"继续在生命的海洋上航行。慢慢地，你已经能够自己掌握航向，感觉已经不需要家人的帮助了，甚至有时候他们成为你的负担，这时候你想对他们说些什么呢？你又会怎么做呢？

_____
_____
_____

2. 我的爸爸妈妈。

父母类型表

序号	父母类型	特征
1	"忍耐的天使"型父亲	他沉默寡言，无法用实际行动给孩子以力量或解决孩子的困难。但他确实关注、关心孩子的成长，孩子也能感受到他的爱。只是关键时候，他真的不给力
2	"理论家"型父亲	他对每件事都有应对的理论，但鲜有实际行动。他根据理论教养孩子，却忽视了孩子独特的个性和特点。空有理论，并不能以身作则
3	"顽固"型父亲	他说一不二，他的想法和办法永远是好的和对的。与他争辩是没有用的。无论他态度好还是不好，总之最后要听他的，尤其是在与学习相关的事情上，上哪所学校，上什么补习班，考什么样的大学，选什么样的工作，都由他说了算，孩子必须照办
4	"独裁"型父亲	他像训练士兵一样养育孩子。重视原则，在准时、整洁、勤奋、忠诚等具体行动上必须达到他的标准。他的内心是好的，因为他相信严格的管理才能让孩子成才。他希望并尽自己最大的努力让孩子成才、成功。但这些"苦心"他不会让孩子知道，而用严格掩盖了内心的爱
5	"魔术师"型父亲	他对孩子，尤其是对儿子的态度是宽容、放纵的。只要他高兴，只要让他满意，孩子干什么都行。他可以和儿子像朋友像兄弟一样，孩子的一些行为，如打架、早恋等，他都认为没有什么大不了。男孩子哪有不淘气的？不淘气的男孩儿没出息。这样的父亲受到孩子的欢迎
6	"独立"型父亲	他对待孩子像对待成人一样，不表扬也不指责，认为孩子的成长顺其自然就行。但对孩子来说，这样的父亲太冷淡了

（续表）

序号	父母类型	特征
7	职业型母亲	她的存在是为了家庭和孩子而存在。她做饭、清洗，把家务都揽在自己身上。但是对于孩子的成长，她很少能够给孩子一些什么指导
8	牺牲型母亲	养孩子的过程极其辛苦，她牺牲了时间，牺牲了自己的爱好，牺牲了一切。她的牺牲太大了，以至于她不得不经常提醒孩子和丈夫她的牺牲，她经常说的就是："为了你，我容易吗？……"她期待孩子的感激，会忍不住抱怨他们的不知足和忘恩负义
9	焦虑型母亲	她终日惶惶不安，担心孩子的学习成绩、性格、身高、营养，担心着教育体制、环境污染、世界战争。为了避免她想象中的一切可怕的未来，她催促着孩子做各种各样的预防与准备
10	严格型母亲	她对孩子的行为有严格的要求，但她给出的要求方式太冷漠，甚至太严酷。孩子感受不到她的爱，无法理解她"我是为你好"的内心声音，她把对孩子的爱深深地埋在心底
11	"玩伴"型母亲	她平易近人，放低身段，平等地对待自己的孩子，将孩子当成自己的朋友。她逛街时会带上孩子，孩子玩耍时她陪同玩耍；对孩子的要求不多，即便有要求，也不严厉；对孩子的监督和奖励也非常松懈
12	"兼职"型母亲	她工作很忙，与孩子在一起的时间有限。于是"兼职"当母亲的时间通常是一早一晚，还有节假日，内心对孩子很歉疚，由于歉疚，她会对孩子过度补偿。无论孩子是否需要，她都会主动给孩子买玩具、零食、衣服、电子产品等一切她觉得孩子需要的东西，她用这些替代自己的"爱"。孩子的要求她都会尽量满足

（此表改编自曲韵：《父母这样做，就能够成就孩子》，漓江出版社2014年版）

你的爸爸妈妈是哪种类型呢？又或者是哪几种类型的混合体呢？如果以上都不太符合，请你简单描述一下自己的爸爸妈妈，说出你喜欢他们和希望他们改进的地方，并写下为什么。

我的爸爸是：_____
_____
_____

我喜欢爸爸的地方：_____

_____

我希望爸爸改进的地方：_____

_____

我的妈妈是：_____

_____

我喜欢妈妈的地方：_____

_____

我希望妈妈改进的地方：_____

_____

我和爸妈那些事儿

　　孩子跟父母的亲子关系是与同学关系、同事关系、夫妻关系等不同的特殊的社会关系。我们跟父母的亲子关系具有血缘性,是难以中断、取消的。它在每个家庭里有着不同的表现方式。同父母建立起一种积极的关系对我们身心健康的成长尤为重要,而这需要我们双方的共同努力。那么,你做到积极地同父母建立良好的亲子关系了吗?

亲子关系

　　同学们,你们跟父母之间相处得怎么样呢,是处于一种积极的关系之中,还是存在一些矛盾问题呢?现在让我们一起来看看飞飞与妈妈的相处吧。

亲子交往

（一天夜里，家中）

妈妈：飞飞，你能赶快写作业吗？

飞飞：嗯，好，一会儿！

（一会儿过去了……）

妈妈：飞飞，你能把电脑给关了吗？你看看你上次的成绩，还玩呢？

飞飞：妈妈，您能不这么催人吗？我再玩一会儿。我一会儿还用电脑查资料呢！

妈妈：查什么资料啊，刚才怎么不查啊？一让你关电脑，你就要查资料了，大把的时间都打网络游戏，我看你这次期末考试能考多少分。赶快把电脑给关了，别等我给你关机啊！

飞飞：真是烦人，我这关还没过呢，作业我一会儿再写，晚上时间还多着呢！

妈妈：你看看现在已经9点了，作业你还一个字都没写呢，明天早上你还起得来吗？

飞飞：知道了，知道了，您睡吧！我今天晚上肯定把作业写完，明天早上也一定能准时起床，行不行啊，我亲爱的妈妈？

妈妈：你说你这孩子怎么这么不听话呢？

（半个小时过去了，母子二人还在就什么时候关电脑，什么时候写作业争论不休……）

同学们，飞飞和妈妈各自的做法正确吗？为什么？如果你是故事中的飞飞你会怎么做呢？妈妈会同意你的想法吗？

如果我们把画面翻转过来又会是怎样的呢？让我们一起来看看吧。

（一天夜里，家中）

妈妈：飞飞，你能赶快写作业吗？

飞飞：嗯，好，我再玩10分钟然后去写，行吗？

（10分钟过去了……）

妈妈：飞飞，有不会的题目可以让妈妈来帮你啊！

飞飞：好的，妈妈，我已经开始写了，有不会的问题，我一定第一时间求助你。

以上两个例子，同样是玩电脑与写作业的问题，同样是妈妈跟孩子的对话，你觉得哪一种是你能接受，妈妈也能接受的呢？

1. 亲子关系的重要性

托尔斯泰说过："全部教育，或者说千分之九百九十九的教育都归结到榜样上，归结到父母自己生活的端正和完美上。"可以说，孩子是父母的影子，孩子的言谈举止深受父母教育的影响。

林则徐的父亲林宾日是一位塾师，当时过着"半饥半寒，迁就度日"的生活，可是对贫穷的乡亲和邻里，却能"视人之急犹己"，急人所难，为了周济别人，宁愿自己"匮乏"。少年时的林则徐就亲眼看见父亲把家里的米送给一贫如洗的二伯父，而自己回来后与母亲忍饥挨饿。父亲还嘱咐他说："你伯父若来，不得告诉他我们家未开火。"林宾日"不妄与一事，不妄取一文"。有一次，一个"身家不清"的人想用金钱贿赂林宾日为其保送文童，遭到林宾日的拒绝。父亲的言谈举止给林则徐以深刻的影响。后来林则徐在官场上注意了解民间疾苦，作风廉洁刚直，不与贪官污吏为伍。

父母不仅是我们的第一任老师，更是我们一生的老师。所以说，我们与父母的这种亲子关系是我们人生中的重要人际关系，也是家庭中最基本的一种关系。对于每一个学生来说，亲子关系都是我们与他人最亲密的一种人际关系，也是青春期里最重要的人际关系之一。

首先，父母在我们的社会交往中担当着重要角色。 我们的社会关系发展得好与坏，与父母的态度及给予我们的意见有非常紧密的关系。父母在人际交往中为我们起着榜样示范作用。

其次，父母对我们的尊重、信任和有效的交流直接影响我们自主能力的养成。 当父母可以充当我们的顾问，提供建设性意见和情感方面的支持时，我们就很少会以叛逆和错误的方式来证明自己的独立，在社会交往中就有足够的自信和辨别能力。父母尊重我们表达不同意见，允许我们的异议或对父母的"抵抗"，让我们公开阐明理由，能培养我们的自主性，使我们在以后的社会交往中能比较有效地应对来自各方面的压力。

最后，父母会促进我们积极地参与各类社会交往活动。 这些活动能让我们有更多的交往经验和知识，也会让我们在青春期乃至成年后的社会交往中有足够的洞察能力。父母的鼓励还在合作和公平待人、分享和承担上促使我们改进自己的行为，这对于持续影响我们一生的人格品性的养成也是极为重要的。

2. 亲子关系的类型

尽管我们与父母的亲子关系是不变的，但也分有不同的类型，到底有哪些不同的类型呢，让我们一起来看看下面的内容吧！

(1) 养育型。在养育型的亲子关系中，父母与孩子是很少沟通交流的，父母只注重孩子的吃穿、生长发育等基本生存需要。这种缺少沟通的亲子关系，其家庭中缺少了一些生气，在这样的家庭中成长的孩子可能会缺少对父母的感恩。

(2) 财产拥有型。在财产拥有型的亲子关系中，父母将孩子视为自己的私有财产，孩子是家长的附属品，他们要求子女要绝对服从自己的权威，孩子不能跟自己有过多的沟通交流。每天面对这样严格的父母，孩子也是没有什么话语权的，亲子间的沟通不能顺畅进行。

(3) 反向型。在反向型的亲子关系中，孩子处于沟通的主导地位，一般情况下父母想与孩子沟通，但总是遭到孩子的拒绝，这样的亲子关系往往会带来一些问题。孩子会比较有"想法"，但父母是理智的成人，有较成熟的社会经验，如果孩子有事情不愿意跟自己的父母沟通，将会弱化父母角色的作用，阻碍亲子间的感情交流。

(4) 冲突型。在冲突型的亲子关系中，父母与孩子的沟通方式多为相互攻击。这样的家庭恐怕每天都要上演星球大战呢！

(5) 泛爱型。在泛爱型的亲子关系中，父母对孩子过度保护，往往对孩子作较多的限制和要求，沟通过程总是存在不平等。父母的潜台词是，孩子是弱小的，没有能力的，需要家长的保护。不平等的沟通总是会给亲子关系带来不好的影响，设定了太多的限制和要求，也会让孩子畏首畏尾，做事可能就会少了些自信。

(6) 亚平等型。亚平等型是一种比较有利于孩子心理健康发展的良好的亲子关系类型。在这种亲子关系中，父母在孩子面前具有一定的权威，孩子能在大事上听从父母的合理意见，同时孩子也享有较充分的民主，亲子之间能够正常沟通。这种类型是最有利于建立积极的亲子关系的。父母的权威在于对重大事件把控方向，而平时多采用民主的方式，这种做法让家庭氛围更加地和谐。

以上几种类型，不管是哪一种，都与"沟通"有着密不可分的关系。亲子间的沟通影响着我们与父母的相处方式、家庭氛围以及我们的健康成长。怎样的沟通才是积极的亲子沟通呢？是否有什么法宝呢？

建立积极亲子关系的小妙招

要想拥有积极的亲子关系，就需要做到积极的亲子沟通，只要我们跟父母都作出自己的努力，掌握一些沟通的技巧，就会收到不一样的效果。

1. 什么是积极的亲子沟通

亲子沟通是以家庭为单位的家长与孩子之间进行信息交流的过程。

积极的亲子沟通是一种特殊类型的人际沟通，是在家庭中父母与子女之间通过各种积极的言语和非言语的形式交流信息的过程。这种沟通方式更有利于事情的处理和家庭愉悦氛围的营造，可以促进孩子社会适应能力的培养和身心发展，形成孩子对父母的信任。

2. 沟通中的小困惑

家庭中需要良好、积极的沟通才能建立健康的亲子关系。但是在生活中与父母的沟通并不总是如我们所愿般的顺利。下面是一些亲子沟通中经常出现的问题，你经历过吗？

（1）在与父母的沟通中，我不能真正倾听父母的话。

（2）在与父母的沟通中，我选择倾听我想听、愿意听的部分。

（3）在与父母的沟通中，我比较关注自己的观点，不愿听父母的观点，因为我不认同或部分认同他们的观点，所以不想听。

（4）在与父母的沟通中，当父母表达观点时，我一般都再考虑一会儿我要用什么话应对他们。

（5）在与父母的沟通中，我通常最先考虑的是自己不能"受伤"。

（6）在与父母的沟通中，我总是试图改变他们的观点，一般不去理解他们。

（7）在与父母的沟通中，我已经对自己的父母有了一定的了解，对他们的评价已经定型，不愿尽可能去理解他们。

（8）在与父母的沟通中，我的观点已经形成了，不容易被他们说服。

（9）在与父母的沟通中，我有时反应过度了。

（10）在与父母的沟通中，我不愿告诉他们我的需要，而希望他们了解我的需要。

以上只是列举了我们与父母沟通中的一些小困惑，由于这些状况的存在，我们的沟通往往是无效的、不愉悦的，不能真实地表达自己的想法和感受。沟通中出现的问题越多，我们就越觉得父母无法理解我们，我们之间的距离就越来越远了，甚至有时怀疑自己，或者怀疑父母对我们的爱。

3. 我们的现状

我们随着年龄的增长，会有越来越多的小麻烦，如学习困难，考试焦虑，疲于应付挫折，情绪不稳定，自我失控，意志薄弱，缺乏自信，注意力不集中，学习成绩不稳定，在行为上可能会出现打架、骂人、说谎、厌学，严重的可能出现自伤或伤人现象。上述种种现象，大致可分为学习类、人际关系类、情绪类。我们会发现这些问题总是能够轻而易举地引发我们与父母之间的冲突。

到了高年级，我们更愿意和自己的朋友一起交流，和父母之间的共同语言变得越来越少，想法也越来越不同。有时甚至除了必要的事情说上几句外，我们更多的时候跟父母是零沟通。更令人担忧的是我们不仅和父母无话可说，而且还把父母的反复叮咛和询问视为束缚，通常的应对方式是不理不睬，或者把房门一关，任由父母在外面"唠唠叨叨"。

有时，我们还会觉得父母好像不在意我们，而只关心他们自己的事，当我们特别希望能与他们沟通交流时，又不知道该怎么跟他们说。或者当告诉他们我们的想法和感受时，父母似乎在听，却总是不能作出如自己所愿的回应，他们这样的反应让我们更加失望，感觉和他们离得更远了。甚至，我们开始不太愿意同父母一起外出活动，或者有什么重要的事情也不愿跟父母讲，还会借故跟父母顶嘴，不听从父母的话等。

4. 积极相处有妙招

其实，在保持与父母的积极关系上，我们可以大有作为。让我们一起来看看如何与父母更好地相处吧。

第一，积极的关系从理解开始。要尝试理解父母的良苦用心，站在父母的角度，换位思考。父母与我们生活的年代不同，自然在理念上与我们也会有所不同，如果我们能了解父母生活的时代背景，就很容易明白他们对于我们要求的起点和用心了。

第二，积极的关系还需要学会跟父母进行有效的沟通。进行积极有效的沟通其实并不难。在亲子沟通中，我们可以尝试作出改变的第一步。可能刚开始的时候会觉得有点难为情，但如果迈出了这一步，就会发现其实父母也是很愿意与我们沟通的，只是他们还没找到合适的方式。当觉得父母确实有些事情处理得不恰当时，可以选择合适的场合向父母心平气和地说出自己的想法。当感觉父母给自己的心理压力太大时，就可向父母坦言希望他们多一点鼓励，少一点责备。当感觉父母过分束缚了我们的行动自由，可告诉父母我们已经长大了，有些事情自己会慢慢学习掌握分寸。随着和父母沟通交流的增多，家庭关系也会变得更和睦。

第三，让"我爱你"成为我们与父母之间的沟通桥梁。不管我们有多大，父母有多老，"我爱你"一说出口，很多矛盾总会瞬间化为乌有。一句简单的"我爱你"可以加强我们与父母之间的积极关系。

第四，让父母"帮助"自己。这里的"帮助"并非我们任何事情都需要父母的帮忙，而是一种特殊的帮助，这种帮助可以增进我们与父母之间亲近的机会。比如请父母帮着挑选衣服，请他们讲讲不会的题目……这样既显得很需要父母，又能在互动中增进与父母之间的感情。

第五，寻找单独相处的机会。生活中我们可以多多创造跟父母独处的机会，比如出去游玩、看电影等。愉快的氛围对于亲子积极关系的建立是非常重要的。这些独处的瞬间会成为我们和父母之间美好的回忆。等我们长大后再次回忆这样的时光也是让人非常感动的。

第六，给父母写一封信。尽管现在已经进入电子时代，微信、微博、电子邮件等信息满天飞，但是写信仍然是一种非常好的表达方式。书信可以将我们自己的真实看法和感受传达给父母，表达自己的感恩和爱，如果直接说出口，可能有人做不到，而书信可以帮助我们实现。而且对于父母来说，书信是一种直观的和可珍藏的回忆，是弥足珍贵的。通过书信，我们不仅可以说说自己对父母的感受和看法，说说自己对父母的期望，还可以跟父母分享自己的所见所感、自己的理想等。

总之，无论哪种方式或方法，只要能够让我们的家庭氛围和睦愉快就是最好的办法。发挥我们的想象力，让我们与父母的关系变得积极起来吧。

练习与拓展

一、小体验

1. 同学们喜欢家庭聚会吗？几个家庭在一起郊游、做有意义的事情，是增进亲子关系不错的方式。今天就由你来做一个小小策划师，策划一场增进我们亲情的大家庭聚会吧！

家族聚会策划手册

参与家庭：_____

活动时间：_____

活动地点：_____

活动内容：_____

活动感受：_____

_____

_____

_____

_____

2. 与爸爸或妈妈一起参加下面的亲子小游戏。

活动规则：每人只能用自己的一只手作为自由手，而另一只手背后，然后两人用各自的那只自由手去共同完成包饺子、双手拍球、跳绳的任务。

分享：活动完成，各自说说自己的感受。

二、做一做

1. 试着给父母写一封促进亲子间沟通的信。

2. 读一读下面几个小故事，分别写下你的感受和想法。

故事1：

小明不爱写作业，原来年龄小，班主任老师让补作业，他拗不过也就补上了。现在小明上五年级了，不爱写作业的这个问题仍然存在。班主任老师让小明跟着去办公室补作业，小明现在可有主见啦，嘴上答应着，但就是一直坐在座位上找各种借口不去补。班主任几次和他谈都没有结果，于是就把这个问题告诉了小明爸爸，想通过家长的助力，一起帮小明改掉不写作业的毛病。回到家，还没等爸爸开口，小明早已准备好了一堆借口说个不停，根本就没给爸爸说话的机会。等到小明终于说完了，爸爸准备开始说话了，小明却站起来对爸爸说："爸爸您做饭吧，我还得回房间看书呢，咱们回头再聊吧！"爸爸和妈妈是医生，平时工作都非常忙，他们也特别想找机会好好跟小明聊一聊。但小明根本就不给爸爸妈妈说话的机会，一直沉浸在自己的世界里。

小明不写作业肯定是不对的，写作业是巩固我们所学知识的过程。小明不写作业已经形成了习惯，而且这个习惯已经有很长时间，想改正非常不容易。你有什么建议和沟通小妙招要分别给小明和他的爸爸吗？快来说一说，写一写吧！

_____
_____
_____
_____

故事2：

近来小松有一个苦恼，他发现跟爸爸妈妈一起吃饭聊天时，他们很多时候不知道自己在说什么，小松也就没心情跟他们再交流了，后来小松跟爸爸妈妈的沟通越来越少。这样家里的吃饭氛围变得越来越不如以前了，小松决定要改变家里的餐桌氛围。吃饭时他就打起十二分精神，兴致勃勃地和爸爸妈妈聊天，说说自己的学习和朋友的情况，让他们多关注自己。功夫不负有心人，在小松的努力下，现在他的爸爸妈妈开始认真地听他讲自己的事情，还时不时地给他一些特别棒的建议。看到小松的成长后，他的爸爸妈妈也露出欣慰而满足的笑容。终于，热闹的餐桌氛围又回到小松家里来了。

生活中你和爸爸妈妈有过这样的情况吗？你是怎么做的？我们可以向小松学习些什么呢？

_____
_____
_____
_____

故事3：

飞飞在多次看到和听到"上网时间久了会影响学习、影响身体健康"这类提醒消息后，决定以后上网要给自己规定时间，不能由着自己的性子无限制地上网。

一天老师留了作业，请同学们回家搜集关于"革命先烈的事迹材料"。飞飞是小组长，为了使自己组汇报的资料更全面，他回家后打开电脑，找了将近两个小时的资料才基本达到预想的目标。搜集完资料后，飞飞关闭网页，准备写其他的作业。就在这时妈妈回来了，看到飞飞正坐在电脑边，什么都没问，就把电脑强制关机了，还说："回来不写作业就先玩电脑，今天不能让你再上网了。"飞飞哭笑不得，选择了沉默。

如果你是飞飞,这个时候你会怎么做呢?

与爸妈想法不同时

在我们与爸爸妈妈的交往中，总会遇到彼此不能理解，甚至发生冲突的时候。在爸爸妈妈眼里，我们永远是一个长不大的孩子。其实他们还没有意识到，我们已经逐渐长大，希望能够独立地处理好自己的事情，不愿再接受他们的"发号施令"。那么，当与爸爸妈妈想法不同时，我们能够做些什么呢？

我和爸爸妈妈之间的距离

从一出生，爸爸妈妈就是你的依靠，在他们的关心爱护下你不断成长。小的时候，每当你受伤、害怕、苦恼时，首先想到的就是爸爸妈妈，那时候，你会觉得他们就像超人一样，什么事都能帮自己解决，投入爸爸妈妈的怀抱就会感到很安全。但是，随着年龄的一天天增长，不知从什么时候开始，你不再爱听爸爸妈妈的话了，爸爸妈妈好像也不像从前那样什么事都能够帮自己解决了。你发现原来很亲近的、处处都能给你出主意的爸爸妈妈，和你越来越说不到一起去了。有时候在学校发生不愉快的事情，回家和爸爸妈妈说，却得不到爸爸妈妈的理解和支持，他们还经常搬出自己的"宝贵经验"来说教。这让你有种受挫的感觉，经常会和他们不欢而散。这样，你越来越觉得和爸爸妈妈的想法以及和他们感兴趣的东西相差甚远，没有什么可交流的。

小青就遇到了这样一件事：

一天，小青和好朋友圆圆闹别扭了，起因是放学时圆圆要和别人一起回家，没有留下来等小青忙完班级的板报一起走。小青又生气又委屈，觉得圆圆太不够朋友了。回到家，妈妈看到小青闷闷不乐的样子，就问："怎么了，不高兴？"小青就把与圆圆的事告诉了妈妈，最后说："妈妈，你说圆圆是不是不够朋友，我不和她好了，我要和她绝交。"妈妈听后，说："小青，这就是你不对了，这么点小事………你应该……和同学交往要……"又来了，小青心里想：妈妈总是这样，从来不站在我的角度，真烦人，什么都是我的错！话不投机半句多，小青一句也不想听，为了避免争吵，小青捂着耳朵说："算了，都是我的错。"说完便跑回自己屋了。想倾诉苦恼，得到妈妈的理解，却又听到妈妈的说教。小青觉得，有时候自己和妈妈就好像是两个世界的人。

许多同学可能都遇到过类似的情况，觉得自己和爸爸妈妈的距离越来

越远了。

爸爸妈妈与自己的想法越来越不一样，你们之间的话越来越少，争执越来越多。这是怎么回事呢？

造成以上现象的原因很多，但自身生理变化带来的心理变化以及和父母的观念不一致，是其主要原因。

悄悄发生的变化

你发现了吗？当你进入青春期后，你的身高、体型正悄悄发生着很大的变化。这个时候男孩子身高每年平均长高7~9厘米，女孩子每年平均长高6~7厘米。男孩子会出现喉结突出、声音变粗、长出胡须、长出阴毛和腋毛等身体变化，并开始出现遗精；女孩子会出现声音变细、脂肪积累增加、臀部变圆、乳房增大、出现阴毛和腋毛等身体变化，并开始出现月经。身体上的成长让你的心理也在发生变化。你会认为自己是成人了，从思想和行为方式上属于成人，渴望社会、学校和家长给予相应的信任和尊重。

当爸爸妈妈再对你的生活指手画脚时，你首先感到的是他们对你的不信任。这样的想法使你更加希望自主，希望在没有人帮助的情况下完全独立地做决定，控制自己的生活，为自己做主。你更希望他们看到你是有能力的。

但由于心理发展速度的相对缓慢，你的心理发展水平还处于从幼稚的童年向成熟发展的过渡阶段，认知能力、社会经验等还没有达到成人的水平，心理冲突也就随之产生了。你想在精神生活方面摆脱成人，特别是爸爸妈妈的束缚，而能有独立、自主的决定权。你会认为爸爸妈妈的干预妨碍了你的自主性。事实上，在面对许多复杂的矛盾和困惑时，你依然希望得到父母在精神上的理解、支持和帮助。这看起来是不是很矛盾？

在这个时期，你的生理、心理和社会性发展方面都处于转折期，因此这又被称为困难期、叛逆期。所以与爸爸妈妈想法出现不一致也是正常的现象。

认识"代沟"，理解父母

孩子和爸爸妈妈产生心理距离，也和"代沟"有关。其实正是两代人在生活经历、社会背景等方面的差异，阻碍着我们之间的沟通，并由此产生了"代沟"冲突。两代人的差异主要表现在：

1. 生活背景不同

父母出生的年代与我们生活的年代时代背景不同。父母都格外珍惜学习机会，他们通过自己勤勤恳恳的工作和努力拼搏才换来今天的地位和生活。与历经辛苦的父母不同，我们出生在国家的综合实力快速提升的年代，享受着高度发达的现代文明，人民生活普遍稳定，生活水平有了很大提高，我们的学习机会也有了很多种选择。

2. 思想文化差异

两代人差异较大的文化背景，导致了我们与父母在思维方式和价值取向上的差别。父母比较注重责任和奉献，对我们是无怨无悔地付出。而我们则比较看重个性、自由和享受，对父母的教育常常持有不同意见，在父母眼里我们的一些选择往往具有叛逆性。例如父母往往将科学家、军人等视为自己的偶像，而我们常将明星作为自己的偶像。我们乐于表现自我，注重自身的独立性，敢于发表自己的见解。

3. 观念不同

父母和我们生活的年代不同，这也造成了两代人在物质和精神生活上的很大差异，有时彼此就会感到难以适应，产生代际冲突。父母思考问题总是喜欢纵向对比，拿现在和自己年轻时做比较，对目前的生活状态很满足，认为很幸福，感叹现在孩子条件这么好，怎么就是不懂得珍惜呢。而我们总喜欢做横向对比，拿自己和别人做比较，比较的结果就是不满足。例如在物质上与身边的同学进行攀比，不断提出对父母来说不合理的要求以满足自己的虚荣心。

4. 期望值差异

如果我们是家里唯一的子女，自然就成了父母唯一的希望。有些愿望可能是父母年轻时没有实现的，父母就把这些愿望寄托在我们的身上。过高的期望值就会形成过大的压力，在这样的压力下，我们感到压抑、焦虑、烦躁。而父母由于各种各样的原因，也不能够完全理解我们。

"代沟"的存在很容易使父母与孩子之间发生不愉快或者争吵。

什么情况下容易爆发亲子矛盾

孩子与父母通常会在以下几种情况下发生亲子矛盾。

1. 亲子之间接触不够，沟通困难

随着工作节奏的不断加快，竞争压力的日益增大，爸爸妈妈工作压力大，不得不将更多的时间和精力投入到工作中，这使他们无暇顾及甚至忽视对我们的关注。有的同学爸爸妈妈只是在饭桌上或睡觉前与孩子交谈几句；有的同学爸爸妈妈在孩子睡了后才回到家，第二天又匆匆忙忙地去上

班，孩子的状况，他们知之甚少。只有在孩子出现问题，老师找家长时，他们才会关注到孩子，对孩子进行教育。对于这样的爸爸妈妈，孩子心中容易出现"你知道什么""你有什么权利说我"的想法，亲子矛盾因此产生。

2. 亲子间互动内容单一

由于功利主义观念和应试教育的影响，有些爸爸妈妈只重视孩子智力因素的发展，因此学习和成绩成为爸爸妈妈在家中和孩子谈论最多的内容，而且爸爸妈妈经常是一遍遍地唠叨和说教。"好好学习"成了他们与孩子说的唯一话题。而有时候，孩子想和他们谈的是学习以外的事情。由于"话不投机"，孩子与爸爸妈妈之间形成了一定程度的情感障碍和理解困难，变得无话可谈。

3. 亲子间"不打不成才"的教育方式

我国传统的家庭教育一直存有"不打不成才""棍棒之下出孝子"等教子思想，显然一些爸爸妈妈也受到这种传统思想的影响，他们认为既然是教育就必须采取训导的方式。他们认为只有"打"才能管出"好孩子"。有些爸爸妈妈是因为自身性格或者实在不知道该如何教育孩子，就采取了简单粗暴的方式。殊不知，越打，孩子的逆反心理就会越严重，这种恶性循环会带来一系列严重的消极后果。

你可以试着这样做

不管是自己的原因，还是爸爸妈妈的原因，我们在生活中总是会遇见与爸爸妈妈想法不同的时候，所以就需要我们多学习一些与爸爸妈妈沟通交流的方法。让我们一起来看看下面的做法吧。

1. 分析问题

在多数情况下，当你与爸爸妈妈对某一事物的观点不一致，而爸爸妈妈又不肯改变自己意见的时候，你的第一个反应就是生气，或者与爸爸妈妈唇枪舌剑，据理力争，或者拂袖而去，不理不睬，很少能平心静气地想一想，爸爸妈妈为什么有不同意见。因此第一个要掌握的方法就是静心想一想问题出现在哪里。一般来说，一个人随着年纪的增长，人生经验也会变得越加丰富，对问题的考虑也相应地越周到全面。当然，与此同时，他们也容易形成僵化保守的看法，甚至产生偏见。而你的经历相对较少，思想上还没有形成那么多的条条框框，更容易接受新事物、新观点，考虑问题也比较灵活。但是，又由于生活阅历不够，你考虑问题时，容易片面、肤浅。如果你与爸爸妈妈都能认识到两代人各自的优势和劣势，并努力理解对方意见中的合理成分，你和爸爸妈妈不但能够"化干戈为玉帛"，而且还会从对方那里得到一些有益的借鉴。

2. 换位思考

爸爸妈妈和孩子都有各自的不容易和辛苦，都需要得到对方的理解。爸爸妈妈的压力往往是来自工作和家庭上的压力，孩子的压力往往来自学习或者交友问题。有时，父母由于工作中的不愉快，到家后依然带着情绪跟孩子交谈，这时看到孩子成绩不好，可能就会大发雷霆，但其实成绩只是他们

生气的一小部分原因。孩子可能在学校跟同学发生不愉快，而把自己的情绪发泄在饭桌上，挑剔今天的饭菜是如何不合口味等。所以这些时候父母和孩子之间的互相理解就显得尤为重要。只有互相理解，家庭氛围才能够和谐愉快，亲子关系才能够更加亲密无间。孩子在与爸爸妈妈交往的过程中，最重要的是学会从爸爸妈妈的角度思考问题。能够站在他人的角度思考问题对建立良好的人际关系至关重要。世上没有不爱自己孩子的爸爸妈妈，他们总是怕孩子在成长的道路上遇到障碍，以他们的人生经验，他们总会提前预见到前面会发生什么，在没发生时为孩子扫清障碍，或提醒孩子怎样做才能绕开这些障碍。如果孩子能够主动地站在爸爸妈妈的角度去看待和思考问题，或许就会发现，在这个世界上最爱我们、最关心我们的人是爸爸妈妈，我们也应该体谅和宽容自己的爸爸妈妈。而且爸爸妈妈也有坚持自己意见的权利，我们应该尊重他们的这种权利。

3. 心平气和交换意见

俗话说，沟通是最好的良药。任何事情都需要双向、有效的沟通。而语言就是沟通的重要工具，也是孩子与爸爸妈妈之间最直截了当的沟通方式。理智的语言，常常让人心情愉悦，不理智的表达，常常让人事后后悔。

语言的表达非常重要，它不仅传达信息，还传达着我们的情绪，特别是打电话时，有时候语言传达情绪的功能远超过传递信息的功

能。语言有时候能煽风点火，有时候也能平息一场争论。例如，如果沟通中语言不够尊重就有可能点燃爸爸妈妈的情绪，让事情没有办法顺利沟通。所以沟通时，要把尊重的语言放在第一位，关注自己的语言表达中所传递的情绪，可能会大大帮助我们与爸爸妈妈之间的交流。作为子女，当爸爸妈妈与我们观点不一致时，最好的办法是控制自己冲动的情绪，等冷静下来，再谈问题。如果实在不能控制自己，最好找个借口离开现场，先把这个话题放到一边，等大家都心平气和时再谈。谈论时要先肯定爸爸妈妈观点中有道理的地方，然后再申诉自己的意见。即使认为爸爸妈妈的观点确实很"荒谬"，也不要用不屑和顶撞的语气对爸爸妈妈说话，甚至怒吼，因为这样会伤害彼此。缺乏尊重的态度不仅会使爸爸妈妈拒绝改变自己的观点，而且还可能会在彼此的心中埋下疏远甚至对立的隐患。

4. 找外援

若是你与爸爸妈妈中的一方关系比较好，可以先和他（她）商量、讨论这个问题，说服了他（她）之后，再请他（她）去说服另一方，这样的效果往往会好很多。另外，还可以适时邀请一两个好朋友到家里来讨论这个问题，让好友发表其意见，届时也请爸爸妈妈参加讨论。如果爸爸妈妈知道你与同龄的孩子都有类似的想法和意见，就更容易理解并接受你的意见。因为爸爸妈妈面对你的朋友没有那种习以为常的家长作风，所以能够比较客观地听取"外人"的意见。

5. 生活中多一些尊重和合作

在一份关于"你最想从孩子那里得到什么"的家长调查问卷中，尊重和合作是排名最高的两项。那么，到底什么是尊重和合作呢？

如果说希望爸爸妈妈给予我们更多的尊重，我们内心是想表达什么呢？是想让爸爸妈妈认同自己的观点，鼓励、赞扬我们，还是……什么才

亲子交往 **123**

是真正的尊重呢？其实它是指我们要在他人经历的基础上，去理解他们的需要和感受。当我们就某一件事情跟爸爸妈妈发生争执时，是否考虑到了爸爸妈妈的成长背景和过往经历，他们为什么会这样要求我们？

另外，有学生认为，我平时是最合作的了，爸爸妈妈要求我做什么，有时尽管我不喜欢做，但表面上也都配合做了，否则我的不合作就会引发爸爸妈妈的批评。其实"合作"并非表面上的配合，而应是在思想和行为上都是真心诚意地同爸爸妈妈一起为了解决某一问题或达成某一目标而共同努力。

同学们，了解了什么是真正的尊重和合作，回想一下，你们平日里有没有做到呢？如果没有，那就用实际行动在生活中给爸爸妈妈多一些尊重和合作吧。

> 和爸妈彼此坦诚、互相尊重，就能成为知心朋友。

6. 给予，让家庭充满阳光

十月怀胎，孩子的出生就是送给爸爸妈妈最大、最棒的礼物。牙牙学语，蹒跚走路，无数次的互动都是孩子为爸爸妈妈奉上的礼物。喂食，教孩子走路，一路陪伴，就是爸爸妈妈馈赠给孩子的礼物。在我们的成长道路上，爸爸妈妈为我们付出了很多，为了孩子，他们任劳任怨、无怨无悔。其

> 爸爸，我们班今天拔河比赛得了第一名。

> 真高兴能分享你的快乐！

实，对于爸爸妈妈的付出我们能够做的回应有很多，而且是平日里就很容易做到的，比如分享自己的进步、学校中的趣闻、学习的新知识、校园生活的点滴收获，共同想办法解决一个问题等小事情都能让家庭充满阳光。通过这些小事情，我们会带给爸爸妈妈一份我们成长的快乐，同时和他们一起成长。在家庭中的每一个成员如果都能够无私奉献，那么家庭就会充满幸福和阳光。

练习与拓展

一、做一做

1. 当与爸爸妈妈想法不同时，我们还要看一看"我的目标"和"爸爸妈妈的期望"是否一致。下面是一艘承载着你成长的小船，你的"成长小船"的目标是什么呢？请写在小船上。这艘小船上还承载着爸爸妈妈的期望，他们的期望是什么？你知道吗？请写在船帆上。（如果不知道可以去问问爸爸妈妈）

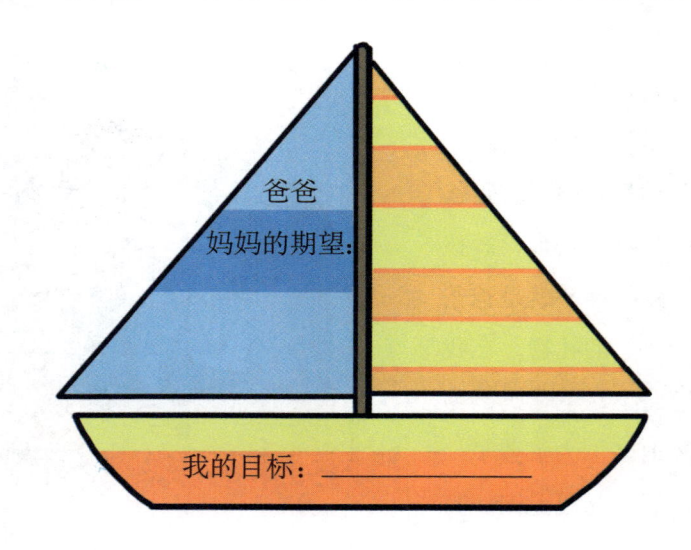

爸爸妈妈的期望：

我的目标：＿＿＿＿＿＿

接下来看看你的目标和爸爸妈妈的期望是否一致。如果一致，那么恭喜你，你和爸爸妈妈内心的想法是一致的，只是表现出来的行为有所不同。如果你的目标与爸爸妈妈的期望相差甚远，试着分析和调整你的目标与爸爸妈妈的期望之间的差距，并同爸爸妈妈沟通你的想法。

2. 看看下面的场景，请你帮主人公剖析、澄清一些问题。

吃过晚饭后，洋洋大摇大摆地坐到了沙发上，打开电视机看世界杯。妈妈看见后皱着眉头说："快考试了，你能不能回屋去复习功课啊，回头又考不好。"洋洋眼睛盯着屏幕，爱答不理地嗯了一声。妈妈生气地提高了嗓门说："我说话你听到了没有！"洋洋听见妈妈的声音大了，就嘟囔着："一会儿吧，我还想看世界杯呢。"妈妈发火了，叉着腰，挡在洋洋面前："考试又不考世界杯，赶快复习去！"洋洋也很生气地说："哎呀，不都说了一会儿嘛，催什么啊！"妈妈转身走到电视机前，把电视机的电源关掉了，说："快回屋复习去，考不好就别想看电视。"洋洋扔下电视遥控器，气哼哼地回到了自己的屋里。

（1）先请你代替洋洋同学，回答下面的问题。

当妈妈向你提出要求时，你是怎么做的？当时的情感体验是什么？

_____
_____
_____

在与妈妈"对抗"的时候，你在意的是什么（如妈妈的态度等）？当时你是怎样想的？

_____
_____

在与妈妈"对抗"的时候,你忽视了什么(如妈妈的关心等)?对最终的结果满意吗?

(2)回想你和爸爸妈妈想法不一致的一个场景,试着用以上问题自我提问,帮助自己澄清当时内心的想法。

(3)经过这样的体验之后,你是不是有想对爸爸妈妈说的话?请把它们写下来。

3. 看看下面几个故事，根据你的感受和思考回答问题。

故事1：

非非是校足球队的队员，最近由于身体状态不好，已由原来的正式上场队员变成了替补队员。身体不佳再加上位置的变化使得非非不想再继续留在足球队了。爸爸知道了非非的想法，就准备以身作则，"现身说法"。

爸爸是软件工程师，常常为了编程序加班到很晚。最近爸爸没有在单位加班，而是把加班的工作转移到了家里。非非发现爸爸"不加班"了，但总是把自己关在房间里，就很是好奇，准备晚上打探个究竟。虚掩着的房门，让非非这个小侦探看到，爸爸原来在房间里继续做着白天在单位没有完成的工作。从状态上来看，爸爸像是遇到什么大的困难，一遍遍地敲着电脑，翻看着数据，有时突然站起来，有时在拍桌子，有时还对电脑"大发雷霆"。但是几天过去了，爸爸还是坚持每天在屋子里工作。一个月后的一天晚上，爸爸高兴地从椅子上跳起来，喊道："太好了，终于搞定了！"非非冲进屋子里准备问个究竟，爸爸跟非非说，自己在技术上遇到了非常大的困难，但是自己没有放弃，还是一直咬牙坚持做下去，经过这一个多月的反复修改与不懈努力最后终于成功了。非非听得入神，还不住地点头，对爸爸非常地钦佩。同时非非似乎也想到了自己的处境……

（1）爸爸的"现身说法"会对非非想退出足球队的决定有所影响吗？

（2）如果你是非非，你以后会怎么做？

故事2：

小明因为非常不爱讲话，所以在班里朋友极少，特别是当小明有困难时，经常孤立无援，只能一个人面对。妈妈把这一切看在眼里，但是她并没有直接对小明说教。一天，妈妈邀请几个家庭举办郊外野炊，几个家庭开心极了。在聚会快结束时，小丽妈妈向大家诉苦：最近由于公司不景气，想换个工作，看看大家有什么招聘的信息。大家都纷纷安慰她，并表示愿意帮助她找合适的工作机会。小丽妈妈很感激大家帮忙。没多久，在大家的帮助下，小丽妈妈找到了新工作。小丽妈妈事后来小明家里串门，说多亏了大家的来往和帮助，有他们这些朋友可真好，生活都变温暖了，也希望小明和小丽还有同学们成为互相帮助的好朋友。慢慢地，妈妈发现小明变得开朗了，也时常有好朋友到家里一起玩耍了。

（1）这次家庭聚会小明学习到了什么？

（2）如果小明的妈妈直接采取说教的方式告诉小明要多交朋友，会对小明有所帮助吗？你认为哪种效果更好？

_____
_____
_____
_____

故事3：

小丽是七年级的学生，在最近的一年里，她常常与妈妈发生摩擦，经常没有特别的原因就与妈妈争吵起来。小丽的穿着特别时髦，追求名牌，消费很高。在学校，小丽的学习成绩大不如从前。妈妈很是担心，但是又不知道怎么办，就经常翻看小丽的日记。而这让小丽觉得不被尊重，认为妈妈侵犯了她的隐私权。

你觉得小丽妈妈这样做对吗？小丽该怎么办？

_____
_____
_____
_____

二、小体验

1. 了解爸爸妈妈。

（1）你总认为爸爸妈妈不了解自己，但你了解爸爸妈妈吗？请你回答下列的问题，如果回答不上来，那么就去问问爸爸妈妈吧。

① 爸爸的生日是 ＿＿＿＿＿＿＿＿＿＿＿＿＿＿＿＿＿＿。
② 妈妈的生日是 ＿＿＿＿＿＿＿＿＿＿＿＿＿＿＿＿＿＿。
③ 爸爸最爱吃的菜是 ＿＿＿＿＿＿＿＿＿＿＿＿＿＿＿＿。
④ 妈妈最爱吃的菜是 ＿＿＿＿＿＿＿＿＿＿＿＿＿＿＿＿。
⑤ 爸爸鞋子的尺码是 ＿＿＿＿＿＿＿＿＿＿＿＿＿＿＿＿。
⑥ 妈妈鞋子的尺码是 ＿＿＿＿＿＿＿＿＿＿＿＿＿＿＿＿。
⑦ 爸爸最喜欢穿的衣服类型是 ＿＿＿＿＿＿＿＿＿＿＿＿。
⑧ 妈妈最喜欢穿的衣服类型是 ＿＿＿＿＿＿＿＿＿＿＿＿。
⑨ 爸爸最大的爱好是 ＿＿＿＿＿＿＿＿＿＿＿＿＿＿＿＿。
⑩ 妈妈最大的爱好是 ＿＿＿＿＿＿＿＿＿＿＿＿＿＿＿＿。
⑪ 爸爸曾经的梦想是 ＿＿＿＿＿＿＿＿＿＿＿＿＿＿＿＿。
⑫ 妈妈曾经的梦想是 ＿＿＿＿＿＿＿＿＿＿＿＿＿＿＿＿。
⑬ 爸爸在工作中最大的烦恼是 ＿＿＿＿＿＿＿＿＿＿＿＿。
⑭ 妈妈在工作中最大的烦恼是 ＿＿＿＿＿＿＿＿＿＿＿＿。
⑮ 爸爸最自豪的事情是 ＿＿＿＿＿＿＿＿＿＿＿＿＿＿＿。
⑯ 妈妈最自豪的事情是 ＿＿＿＿＿＿＿＿＿＿＿＿＿＿＿。
⑰ 爸爸最好的朋友是 ＿＿＿＿＿＿＿＿＿＿＿＿＿＿＿＿。
⑱ 妈妈最好的朋友是 ＿＿＿＿＿＿＿＿＿＿＿＿＿＿＿＿。
⑲ 爸爸最大的遗憾是 ＿＿＿＿＿＿＿＿＿＿＿＿＿＿＿＿。
⑳ 妈妈最大的遗憾是 ＿＿＿＿＿＿＿＿＿＿＿＿＿＿＿＿。
㉑ 爸爸最欣赏你的地方是 ＿＿＿＿＿＿＿＿＿＿＿＿＿＿。
㉒ 妈妈最欣赏你的地方是 ＿＿＿＿＿＿＿＿＿＿＿＿＿＿。

亲子交往　*131*

填完之后，你发现了什么？请你把内心感受如实地记录下来，它们会让你在与爸爸妈妈的交往过程中更加顺畅哦。

_____
_____
_____
_____
_____

（2）看看自己与爸爸妈妈的想法在下面哪些方面经常有分歧，并在后面画"✓"。

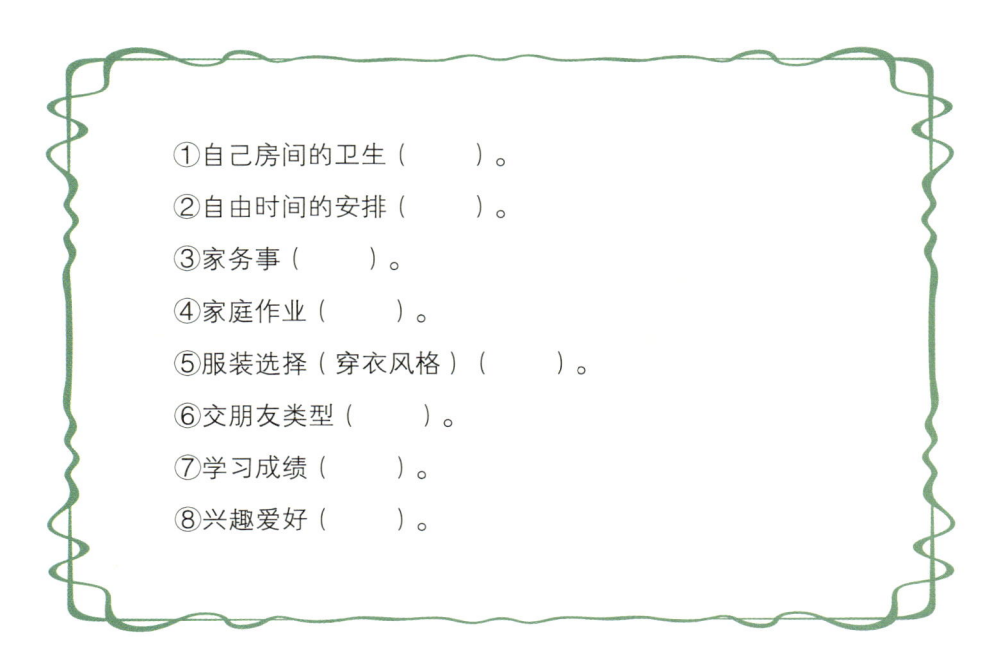

①自己房间的卫生（　　）。
②自由时间的安排（　　）。
③家务事（　　）。
④家庭作业（　　）。
⑤服装选择（穿衣风格）（　　）。
⑥交朋友类型（　　）。
⑦学习成绩（　　）。
⑧兴趣爱好（　　）。

选择其中一方面，思考一下为什么会在这个方面经常与爸爸妈妈想法不同，然后根据前面所学知识找到解决办法。

2. 角色扮演。

情境1：

欢欢一回家就钻进了自己的房间，半天没有动静。在厨房忙着做饭的妈妈心想：这孩子，今天这么好，一回来就去学习了，一会儿要好好表扬一下。

妈妈忙完，小心翼翼地推开欢欢的房门，看到的却是欢欢正在热火朝天地玩游戏。妈妈一下子就生气了，厉声说道："欢欢，你在干什么？"欢欢被妈妈吓了一跳，说："干什么呀，吓死我了。"妈妈接着大声说道："不好好学习，就知道玩。学习时怎么不见你这么上心。不许玩了，写作业！"欢欢一边眼睛盯着电脑一边说："今天作业少，我都写完了，让我玩一会儿吧。"妈妈看欢欢没动，更加生气了，走到桌前就要关电脑。欢欢也急了："干什么呀，我就不学习！"妈妈边关电脑边说："不学习也不能玩电脑！"欢欢气鼓鼓地跑到了客厅，坐在沙发上生闷气。

情境2：

恬恬站在镜子前，正在试穿一条自己用压岁钱买的、膝盖上有破洞的牛仔裤，她想穿这条裤子参加学校艺术节的街舞表演。妈妈看见了喊起来："哎呀！这裤子怎么这样，不能穿！"爸爸也嚷道："你这穿的是什么呀！你一个中学生，穿成这样，哪儿像个好学生！换了！"恬恬不高兴了："什么呀，你们懂什么，这是时尚！"妈妈说："什么时尚，你才多大。谁让你买的？退了去。"恬恬争辩说："我们艺术节跳街舞，就要穿得时尚些。"爸爸说："要穿也穿条正经牛仔裤，听你妈妈的，退了！"恬恬真是又生气又委屈。

同学们，找几个小伙伴分一下工，可以添加上家里的其他成员，给这两个情境加上后续的内容（结尾），演一演。

演完之后，每个角色分别谈谈自己的感受，并结合自己与爸爸妈妈相处的实际情况，讨论一下解决办法。

___

3. 评估你的感受。根据你的真实感受在对应的数字下方画"✓"。1~5 代表"最不满足"到"最满足"的不同感受等级。

（1）你的自身需要：

1——2——3——4——5　你的饮食健康

1——2——3——4——5　你能得到休息

1——2——3——4——5　你能得到锻炼

1——2——3——4——5　你的生活有乐趣

1——2——3——4——5　你知道生气或烦躁时怎么让自己冷静下来

1——2——3——4——5　你能开心地创造

1——2——3——4——5　你知道自己为什么做某件事

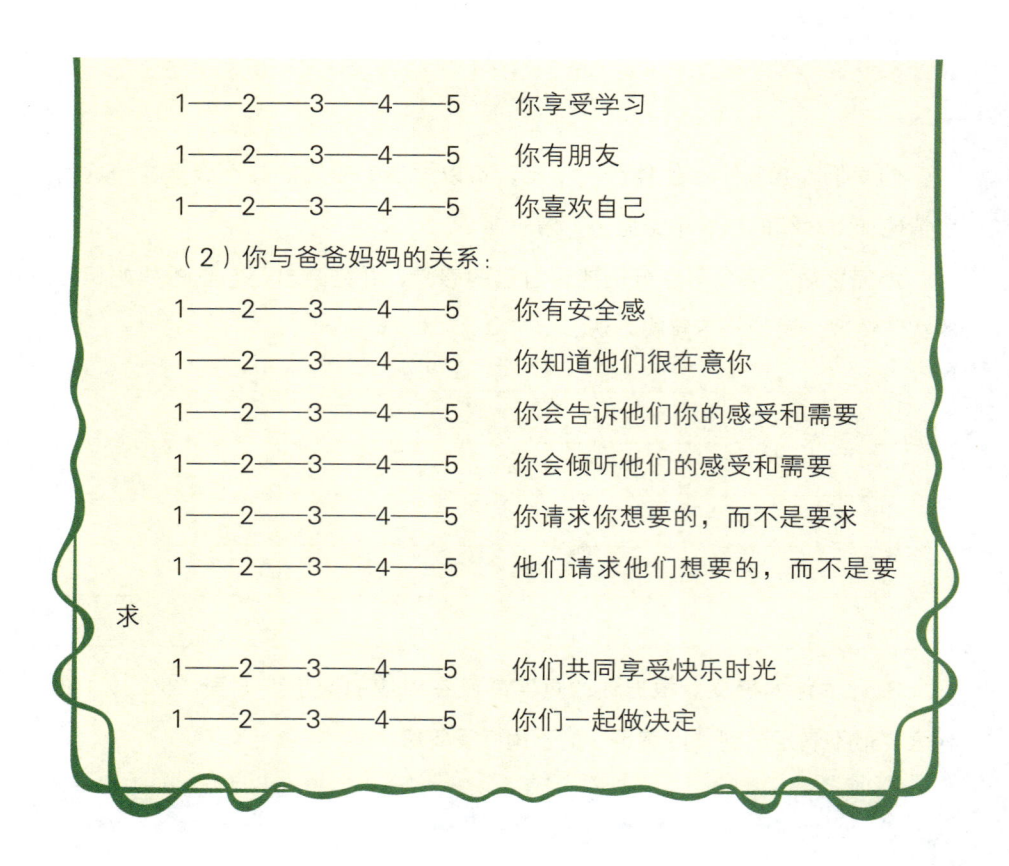

1——2——3——4——5　　你享受学习

1——2——3——4——5　　你有朋友

1——2——3——4——5　　你喜欢自己

（2）你与爸爸妈妈的关系：

1——2——3——4——5　　你有安全感

1——2——3——4——5　　你知道他们很在意你

1——2——3——4——5　　你会告诉他们你的感受和需要

1——2——3——4——5　　你会倾听他们的感受和需要

1——2——3——4——5　　你请求你想要的，而不是要求

1——2——3——4——5　　他们请求他们想要的，而不是要求

1——2——3——4——5　　你们共同享受快乐时光

1——2——3——4——5　　你们一起做决定

随着年龄的增长，你还会不断成长。亲爱的同学，你想好如何处理自己与爸爸妈妈的关系了吗？把你的想法写在下面。

4. 生活中我们可以跟父母一起回忆曾经给予对方的礼物，可以是真实的礼物，也可以是一个拥抱、一个微笑、一个鼓励性的瞬间。让我们一起去把握这份幸福，把这些礼物制作成一张礼物清单，并从中挑选一个你最喜欢的礼物和父母一起分享关于它的美好回忆。

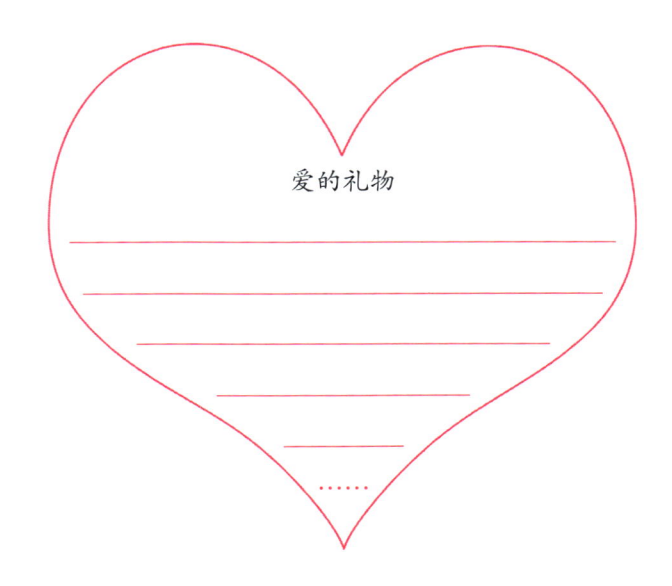

爱的礼物

……

参考文献

一、图书类

[1]苏拉·哈特,维多利亚·霍德森.非暴力沟通亲子篇[M].李红燕,译.北京:华夏出版社,2015.

[2]F.菲利浦·赖斯,金·盖尔·多金.青春期——发展、关系和文化[M].陆洋,林磊,陈菲,等,译.上海:上海人民出版社,2009.

[3]维吉尼亚·萨提亚,约翰·贝曼,简·格伯,玛利亚·葛莫利.萨提亚家庭治疗模式[M].聂晶,译.北京:世界图书出版社,2007.

[4]维吉尼亚·萨提亚.尊重自己[M].朱丽文,译.北京:世界图书出版社,2015.

[5]维吉尼亚·萨提亚.新家庭如何塑造人[M].易春丽,叶冬梅,等,译.北京:世界图书出版社,2006.

[6]廖莉琴.身体秘密:男孩女孩成长手册[M].北京:长征出版社,2002.

[7]曲韵.父母这样做,就能够成就孩子[M].桂林:漓江出版社,2014.

[8]曲韵.父母这样做,就是在毁掉孩子[M].桂林:漓江出版社,2014.

[9]杨敏毅,鞠瑞利.学校团体心理游戏教程与案例[M].上海:上海科学普及出版社,2006.

[10]林崇德.发展心理学[M].杭州:浙江教育出版社,2002.

[11]刘视湘,伍芳辉.心理健康教育[M].北京:首都师范大学出版社,2014.

[12]杨杰.让孩子心悦诚服——亲子沟通的技巧和训练[M].北京:北京

联合出版公司，2013.

二、论文期刊类

[1]霍利婷.上海市初中生家庭亲子冲突的调查与分析[D].上海：华东师范大学，2010.

[2]胡悦.亲子沟通与青少年健康成长[D].哈尔滨：哈尔滨工程大学，2007.

[3]孙文毓.初中生亲子冲突问题的干预研究[D].大连：辽宁师范大学，2006.

[4]郑满利.初中生亲子沟通问题的初步研究[D].开封：河南大学，2004.

[5]范艳."父母—青少年"亲子沟通现状研究[D].郑州：郑州大学，2006.

[6]张露莎.ABC理论在学龄前儿童情绪管理能力培养中的应用[D].西安：西北大学，2014.

[7]蔡海霞.沟通零距离——亲子沟通平行小组方案设计与实践探索[D].桂林：广西师范大学，2012.

[8]安伯欣.父母教养方式、亲子沟通与青少年社会适应的关系研究[D].西安：陕西师范大学，2004.

[9]周波，张智.初中生亲子沟通特点及其与SCL-90的关系[J].中国心理卫生杂志，2007（1）.

[10]石卉.青春期的孩子需要怎样的亲子关系[J].好家长，2008（1）.

[11]张璐斐，黄勉芝，刘欢.父母控制与亲子关系的研究综述[J].广西民族师范学院学报，2013（10）.

[12]俞国良，周雪梅.青春期亲子冲突及其相关因素[J].北京师范大学学报：社会科学版，2003（11）.

[13]林崇德，王耘，姚计海.师生关系与小学生自我概念的关系研究[J].心理发展与教育，2001（12）.

[14]张干群.城市高年级小学生亲子沟通状况调查[J].青少年研究,2013(4).

[15]徐文龙.亲子关系与亲子沟通技巧浅析[J].安徽预防医学杂志,2006(2).

[16]郭玉娟.当代青少年亲子冲突与家庭教育[J].经济研究导刊,2011(29).

[17]李神英.亲子沟通与心理幸福感的关系研究[J].校园心理,2012(6).

[18]关鸿羽.亲子沟通中的14种类型[J].家庭教育:中小学生家长,2011(Z2).

[19]田菲菲,田录梅.亲子关系、朋友关系影响问题行为的3种模型[J].心理科学进展,2014(6).

[20]陈妍廷,秦越,秦竹.亲子关系对儿童心理发展的影响研究[J].经济研究导刊,2014(18).

[21]钟真群.积极心理学:建立亲子关系的新视角[J].今日南国:理论创新版,2009(11).

[22]万红刚.积极陪伴:父母不可不知的亲子互动模式[J].中小学心理健康教育,2014(9).

[23]胡国尧.快乐就在转角处——情绪ABC理论在集体心理辅导课中的应用[J].思想理论教育,2011(2).

[24]郑满利,魏明霞,李新旺.初中生亲子沟通问题问卷的初步编制[J].心理研究,2009(2).

[25]陈虹,吴九君.建立和维持积极的亲子关系——父母与孩子维护"爱的关系"的十二个技巧[J].中小学心理健康教育,2010(17).